家书里的新中国

张丁 编著

- 红色回响
- 光影记忆
- 历史轨迹
- 烽火传承

扫码获取

广西人民出版社

图书在版编目（CIP）数据

家书里的新中国 / 张丁编著 . -- 南宁：广西人民出版社，2024.10（2025.3 重印）. -- ISBN 978-7-219-11793-4
Ⅰ. K270.6
中国国家版本馆 CIP 数据核字第 2024NQ9324 号

JIASHU LI DE XINZHONGGUO
家书里的新中国
张丁　编著

策　　划　赵彦红
执行策划　李亚伟
责任编辑　卢秋韵　廖　献　徐蓉晖
责任校对　黄　熠
装帧设计　王程媛

出版发行　广西人民出版社
社　　址　广西南宁市桂春路 6 号
邮　　编　530021
印　　刷　广西民族印刷包装集团有限公司
开　　本　787mm×1092mm　1/16
印　　张　13.75
字　　数　212 千字
版　　次　2024 年 10 月　第 1 版
印　　次　2025 年 3 月　第 2 次印刷
书　　号　ISBN 978-7-219-11793-4
定　　价　78.00 元

版权所有　翻印必究

前言

　　新中国的成立是开天辟地的大事件，4亿多中国人开启了社会主义革命和建设的新时期。这场巨大的社会变革，带给中国和世界的影响延续至今，党史、国史均有详细的阐述。本书选取写于1949年前后的三十余封家书，从个人视角回望这场关系中国人命运的大变革，具有独特的意义。

　　本书所选家书的作者以普通党员、军人为主，有在一线冲锋陷阵的解放军官兵，有巩固新生政权、保家卫国的战士，还有积极投身新中国建设的知识分子、青年学生、进步群众等。他们聚集在党的旗帜下，为了新中国的成立、巩固、建设付出了鲜血和汗水，他们为党旗、国旗增添了光彩，共和国的史册上应该留下他们的名字。

　　在那个翻天覆地的大时代，几乎每个人都面临着选择：是走出家庭，走向社会，投身革命大潮，还是在风雨飘摇中固守小家庭？无疑，这些家书的作者们选择了前者。他们含泪辞别家人，加入革命队伍，即便前途未卜，也义无反顾。然而，他们怎么能够忘记家乡的亲人呢？父母、兄弟、姐妹、妻子、恋人……无一不让他们牵肠挂肚，朝思暮想。收入本书的三十余封家书即是明证。

　　家书是写给最亲近的人的，本来就是私密的文字，作者当时没有想到会被公开，所以在信中与家人敞开心扉，把无尽的思念和真挚的情感倾诉于笔端。数十年过去了，当我们捧读这些从内心流淌出来的文字时，仿佛回到那个激情燃烧的年代，字里行间浓烈的情感扑面而来。

总有一种情感让我们泪流满面，总有一种精神让我们心潮澎湃，总有一种力量让我们砥砺前行。

在家书里，我们读到了他们信仰坚定、勇于牺牲的精神。1948年9月27日在塔山阻击战前大东山战斗中牺牲的许英烈士，在战前写给母亲、还没有来得及寄出的家书中说："为着母亲的幸福，为着全人类的自由解放我情愿以死杀敌，我的光荣正是母亲的光荣、全家的光荣。"在渡江战役中牺牲的华东野战军第九纵队25师75团侦查员牟明亮烈士，于1948年10月21日给父母写信说："我们日前攻到济南府，活捉王耀武，歼敌十余万人，胜利品很多，但我在战斗中，右背负伤，现已痊愈。我又回到本单位工作，各方面也特别的快乐，希大人勿念。"1949年6月13日在咸阳阻击战斗中牺牲的郭天栋烈士，在写给父母、尚没有寄出的家书中说："儿为祖国不能敬〔尽〕孝，儿为人民不顾己事。儿虽没入党，而〔但〕也是共产党领导的战士。今日站在革命队〈伍〉里，一定非把敌人消灭完，牺牲到底才回去侍奉大人。"许英、牟明亮、郭天栋，都是在人民军队里锻炼成长起来的坚强战士，他们认清了革命的前途和方向，坚定跟党走，用自己的牺牲换来了革命的胜利。

在家书里，我们读到了他们主动作为、追求崇高的品格。1949年1月24日，参与接管天津的第四野战军战士罗士杰给父亲写信说："只要再有一年，这个全国光明的日子就会来临，希望您保重身体，努力生产，支援前线，以助我们早日完成全国解放的胜利。"1950年1月6日，即将赴长沙就任第53军政委，参与改造长沙起义部队的王振乾将军给两位弟弟写信，鼓励他们努力学习新知识，为祖国建设贡献力量："不要从自满保守情绪出发，计较个人的斗争果实，因而产生松劲享乐退休等现象，革命斗争日久的同志固然不应如此，初步献身革命的青年更要长久保持内心的火热。"1951年3月21日，解放军战士李征明给父母写信，同时寄书回家，希望姐姐、弟弟、妹妹思想上进步，工作上努力，认为"青年人要找到光明前途，惟〔唯〕一〈的办法是〉参加革命工作和各种建设上去，和参加组织更是重要的政治生命"。参军、入党，为了新中国的成立浴血奋战，然后激情满怀地投身新中国的建设，个人利益服从于集体利益，是那个时代进步青年所追求的主流价值观。

在家书里，我们读到了他们思亲恋家、愧对家人的柔情。在淮海战役中牺牲的陈鸿汉烈士在战斗间隙给父母写信，对于自己11年没有跟家里联系深表歉疚，报告工作和生活情况，表示"当我把蒋介石打垮后，返里，看大人，请大人原谅吧"。早年参加革命的钟敬之也是12年没跟母亲联系了。1949年6月上海解放后，他担任军事管制委员会（简称军管会）文艺处副处长，抽暇给在老家嵊县（今浙江省嵊州市）的母亲写信，畅叙别情："和母亲是一定要见面的，那时候，或者是我回家去，或者是请母亲来上海。"1950年8月1日，新中国第一个建军节，王少勋收到弟弟的来信，得知母亲去世的噩耗，赶紧给弟弟回信："您想，我心中是多么的难过呀！回想十三年前的分别，我为了抗日救国民族解放事业，奔赴民族解放的疆场。这一分别，竟然成为永别了。"共产党员和革命战士并非没有感情的人，他们也想家、想念亲人，期盼与亲人团聚。可是为了大多数人的解放，很多人没有回到他们魂牵梦萦的家乡，再也没有见到自己的亲人。

在家书里，我们读到了他们着眼大局、自我革命的勇气。1948年10月1日在辽沈战役中牺牲的东北军区炮兵司令员朱瑞将军，在战前写给母亲和哥哥的信中说："我家有地出租，这就是地主，应做模范，把地自动让给农民，这才算名符〔副〕其实的革命家庭。"1949年10月24日毛岸英在写给表舅向三立的信中说："我爱我的外祖母，我对她有深厚的描写不出的感情，但她也许现在在骂我'不孝'，骂我不照顾杨家，不照顾向家；我得忍受这种骂，我决不能也决不愿违背原则做事。"新中国成立之初，谢觉哉担任内务部部长。1950年1月21日他给湖南老家的两个儿子写信，明确拒绝了他们来京的请求，表示即使以后要来，也要自己买票，"因为任何人坐车，都要买票"。1950年2月2日正在四川省纳溪县政府担任秘书的中国人民解放军第二野战军军事政治大学毕业生李骥先，写信劝父亲"换脑筋，学习新社会的理论，使思想不会落人之后"，希望大哥"去〔取〕消旧意识、旧作风，努力工作，争取入党，做一个最新式的布尔什维克"。新中国成立前后，新旧交替，党中央注重自身建设，提出了"两个务必"的要求，全党上下对标党章党纪，领导干部坚持原则，不徇私情，每个人从自身找问题、找差距，教育家人跟上时代，这是一场触及灵魂的自我革命。

家书纸短，家国情长。捧读这一封封浸满岁月沧桑的家书，使我们更加真切地体会到新中国的来之不易，新中国成立75年来所取得的伟大成就是一代代人前赴后继、牺牲奉献的结果。他们筚路蓝缕的开创之功将永载史册，值得后代铭记。

新时代，新征程，年轻一代承担着接力奋斗、推进中国式现代化、实现民族复兴的历史重任。站在新的历史起点，他们不禁要问：75年前，中华人民共和国是怎么来的？中国共产党为什么能打败国民党？参与这场变革的人，多数已经作古，在世者也已进入耄耋之年，历史离我们越来越远，记忆逐渐模糊。所幸，他们留下的家书还在，使我们能够通过家书，触摸当年的历史，感受那份炽热的家国情怀。更为重要的是，在革命先辈的红色家书中，我们找到了中国共产党成功的密码，那就是中国共产党人始终坚持为中国人民谋幸福，为中华民族谋复兴的初心和使命，信仰如磐，无畏牺牲，无私奉献。

心中有信仰，脚下有力量。一纸家书，藏历史风云，集万千情怀。先辈们当年无意中留下的文字，如今成为我们认识历史、理解现在、感知未来的独特路径。走近家书，走进作者的内心世界，在收获满满感动的同时，我们能照见自己的影子，内心积聚起昂扬向上的力量，奔向充满希望的未来。

张丁

二〇二四年七月

编写说明

一、本书共31篇文章，收录家书38封，写作时间是1948—1952年，主要集中在新中国成立前后。家书作者以共产党人、解放军战士为主，兼及知识分子、青年学生、进步群众等，家书内容反映了他们为了新中国的成立、巩固所付出的牺牲和贡献。

二、每篇文章由作者简介、家书原文、家书背景组成，并穿插家书手迹图片和相关人物照片。家书原文记载了宏大历史背景下的个体经历、思想情感，家书背景力图观照与个体相关的大历史和家国情怀，相关图片则带我们重回历史现场，感知真人、真事、真文字所带来的视觉震撼。

三、这些家书绝大多数是从抢救民间家书项目组委会和中国人民大学家书博物馆所征集的8万余封家书中精选出来的，均经过家书捐赠者或相关权利人授权，部分为首次公开发表。

四、为便于读者理解家书内容，编者对个别字词作了注释。因家书作者文字水平各异，语言习惯不同，家书原文中有些词句略欠规范。为保持家书文本原貌，在不影响理解的前提下，对家书原文一般不作改动，尽可能原汁原味保持作者的语言特色。

五、家书原文中明显的错别字、漏字、衍字分别用〔 〕〈 〉[ ]表示。

六、家书原文中缺字、模糊不清和难以辨认的字用□□表示。

七、家书原文中（ ）里的文字为家书作者本人的注释。

八、在20世纪五六十年代以前的家书原文中，"的""地""得"的用法区分不太严格，本书均未作改动。

九、在一些时间较早的家书原文中,"他"与"她"、"那"与"哪"、"象"与"像"、"其它"与"其他"、"末""与"么"等不分,本文均未作改动。

十、一些时间较早的家书原文中对父母等长辈称"你""你们",属于作者所在地区的语言习惯,并非不加尊敬,故未作改动;个别应用"你""你们"处,作者因特殊原因用"您""您们",亦未作改动。

目录

儿在前方各方面都很好
1948年3月、10月　牟明亮致父母亲　/ 1

为了母亲、弟弟的永远解放
1948年8月20日　许英致母亲、弟弟　/ 6

不久我们就要打进关
1948年9月8日　朱瑞致母亲、哥哥　/ 13

当我把蒋介石打垮后，返里，看大人
1948年11月20日　陈鸿汉致父母亲　/ 18

昨日此间各报纸载我南飞消息，不确
1949年1月10日　陈垣致三子陈约　/ 22

全国光明的日子就会来临
1949年1月24日　罗士杰致父亲和弟弟妹妹　/ 28

今天北平已经是人民的城市了
1949年2月13日　宋云亮致胡玉华　/ 34

没入党也是共产党领导的战士
1949年3月3日　郭天栋致父母亲　/ 40

天亮了就宣布我俩的关系吧
1949年5月17日 张焕光致陈素秋 /44

把我们过江以来的许多事情讲给你们听吧
1949年端午节 袁志超致八弟袁军 /54

两个儿子都参加了人民解放军,你是很光荣的
1949年6月19日 钟敬之致母亲 /65

福州的解放将促使我们的迅速进军
1949年8月21日、27日 王昕致哥哥和爸妈 /71

为共产主义革命事业奋斗到底
1949年8月27日 江竹筠致谭竹安 /79

许多地方都表现着一种翻天覆地的气象
1949年9月 江隆基与妻子宋超互通家书 /84

我们以后要在大西南见面了
1949年10月 成冲霄致妻子刘时芬 /92

我们共产党不讲这种『人情』
1949年10月24日 毛岸英致表舅向三立 /97

目录

要长久保持内心的火热
1950年1月6日 王振乾致弟弟振坤、振林 / 104

任何人坐车，都要买票
1950年1月21日 谢觉哉致谢子谷、谢廉伯 / 112

没把革命进行到底，哪能回家呢
1950年1月、2月 齐子瑞致父母 / 116

做一个最新式的布尔什维克
1950年2月2日 李骝先致父亲和大哥 / 122

解放后第一个青年节的前夕，我写下这封信寄给你们
1950年5月1日 谢世基致女儿谢晢子、谢力子 / 128

幸福的一天是很快的在眼前了
1950年6月25日 竺焕新致大嫂 / 136

国家的利益是大事
1950年7月10日 骆正体致哥哥骆正坤、姐姐骆正芳 / 141

我们要把悲愤化为力量，积极工作
1950年8月1日 王少勋致弟弟王少龙 / 148

最使人感到兴奋的是迪化有一种欣欣向荣之气

1950年11月25日　关群致大姐、哥哥　/ 152

美军一见到我们战士就要跑

1951年1月13日　吴宝光致妻子刘珠玉　/ 166

到祖国最需要的地方去

1951年1月17日　区德济致父母亲　/ 172

为了祖国，站到最光荣的岗位去了

1951年1月21日　彭养正致侄子彭正予　/ 181

你望我当英雄，我望你争取入党

1951年4月、9月　鹿鸣坤与朱锦翔互通书信　/ 192

青年人要找到光明前途

1951年3月21日　李征明致父母　/ 200

做一个青年团员是每一个青年进步的方向

1952年10月27日　卢冬致姐姐卢诗雅　/ 204

儿在前方各方面都很好

1948年3月、10月　牟明亮致父母亲

写信人牟明亮,1929年生于山东省栖霞县(今山东省栖霞市),1946年春参加中国人民解放军,先后在栖东警卫营当战士,在胶东军区第5师15团侦通队、华东野战军第九纵队25师75团侦通队任侦察员。参加过莱芜、周村、济南、淮海等重大战役,1949年4月在渡江战役中牺牲。

牟明亮13岁时留影,现存唯一一张他的照片

父母亲大人安好:

近来信,只因为儿在前方各方面都很好,不用大人挂念。

我希望大人在四八年更加进步。在村工作,自己有了困难,可以自己想办法,度过四八年的春荒。大人在家好好安心吧。

蒋介石就在今年灭亡,在〔再〕没有和四七年的那样的进攻。最今〔近〕,咱们打了很多的大胜仗。在东北打下了四平街①,

---

① 指1948年3月13日东北野战军解放东北重镇四平。

歼灭敌人壹万伍千多人；在山东也打了一个大胜仗，周村战斗歼敌壹万叁千多人。我在周村负了一回轻伤，几天就好了。别的不多谈啦。

　　肃此敬请问安

牟明亮（印章）

1948.3.19号

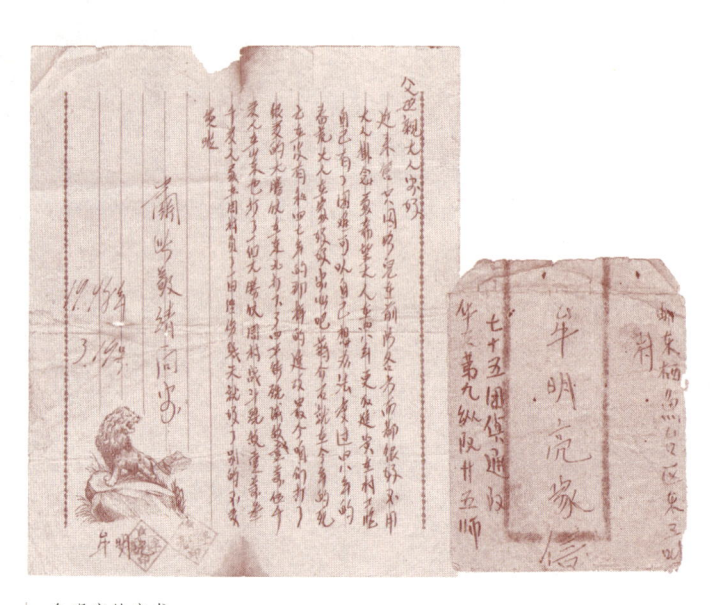

| 牟明亮的家书

父母亲二位老大人身体安好：

　　近来家中的生活忙吧？接见家中的来信，内情都知，请大人勿念。但我去家信，不知是否收见，到如今也没见信。

　　但对我在〈部〉队生活方面，也都不错，也没有什么困难，一切事情我也很高兴，请大人不用惦念是盼。

我们日前攻到济南府，活捉王耀武①，歼敌十余万人，胜利品很多，但我在战斗中，右背负伤，现已痊愈。我又回到本单位工作，各方面也特别的快乐，希大人勿念。只望大人在家好好照看生产，维持生活。对我一切，你们也不要顾虑为盼，就不多禀。

希常通信，并望二老好好保养身体是盼。

此请福安

儿　明亮（印章）
10.21.②

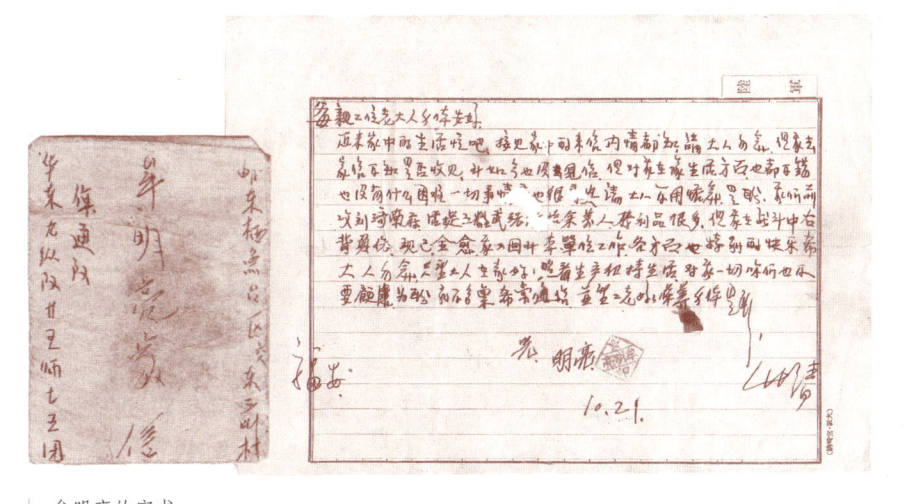

| 牟明亮的家书

---

① 王耀武：中国国民党高级将领，1948年9月在济南战役中被中国人民解放军俘虏。1959年特赦获释后，任全国政协委员。
② 此信写于1948年。

背景解读

牟明亮是解放战争时期中国人民解放军的一名侦察兵,参加过莱芜、周村、济南、淮海等重大战役,不幸的是,在解放战争即将取得胜利的时候,他却在渡江战役中英勇牺牲。同众多革命烈士一样,他的事迹连其家人都了解很少,他从战场上寄回的十余封家书有幸保存至今,使我们能够再现烈士那充满血与火的生命历程,并永远记住这个鲜活的生命。本书选用的是其中的两封家书。

牟明亮烈士的这组家书是北京收藏家刘玉平先生捐赠的。刘先生多年前在收藏市场上偶然得到了这组家书,只知道写信人是山东胶东一带的一位革命烈士,其他情况不详。为了得到牟明亮烈士更多的情况,中国人民大学家书博物馆工作人员根据现存信封上的地址找到了栖霞市地方史志编纂办公室,在他们的帮助下,找到了烈士所在的东三叫村,并和烈士的侄子牟中平取得了联系。

据牟中平介绍,他的伯父牟明亮生于1929年,只读过三年小学,1946年春参加了中国人民解放军。牟明亮一开始参加的是胶东地方部队,在栖东警卫营当战士。解放战争开始后,他被调到胶东军区第5师15团侦通队。1947年1月,第5师等胶东军区主力改编为华东野战军第九纵队(简称九纵),牟明亮转入九纵25师75团侦通队,具体工作是"出便衣",也就是不穿军装出去侦察。

牟明亮所在的九纵是华东野战军的主力,在解放战争时期打了许多场硬仗。比如1947年2月参加莱芜战役;同年5月参加了全歼国民党整编第74师的孟良崮战役;8月又取得胶东保卫战和张店、周村、潍县(今山东省潍坊市)、兖州诸战役的胜利,粉碎了国民党军对山东的重点进攻。从家书中可以看出,这些战役牟明亮都参加了,在周村战役中还负了轻伤。

周村,位于山东省中部,系淄博市辖区之一,素有"天下第一村"之称,当时是胶济铁路上的军事重镇。周村战役是华东野战军山东兵团发起的一次攻坚战役。1948年3月12日晨,九纵在司令员聂凤智的率领下完成了对周村的包围，牟明亮所在的九纵25师75团承担主攻任务。经过近20个小时的激战，部队全歼守敌1万多人，为我军取得胶济路西段战役的胜利奠定了基础。上面第一封信写于战斗结束后的一周左右，牟明亮在战斗中负了轻伤。

第二封信中提到"我们日前攻到济南府，活捉王耀武"，说明他参加了济南战役。1948年9月16日至24日，华东野战军以14万兵力分东西兵团进攻济南，其中聂凤智指挥的九纵25师是攻城主力，最先攻破济南城防的就是九纵25师73团。此次战役历时8天，攻克了济南，歼敌十余万人，俘获了敌人最高指挥官王耀武。济南战役揭开了解放战争三大战役决战的序幕。在这次战役中，牟明亮背部负了伤，并转到医院治疗。

现存的牟明亮最后一封家书写于1949年1月，信中牟明亮说他已不在侦通队工作，部队离家好几千里。牟中平说，听伯父的战友牟明恺①介绍，牟明亮在渡江战役中牺牲时，任侦察排长。

牟中平还回忆道：伯父17岁离家当兵那年，奶奶（牟明亮的母亲）听说当时部队驻扎在莱阳，而且部队条件比较艰苦，便连夜做了两双布鞋，第二天一早步行50公里到莱阳为伯父送鞋。到了莱阳，听说伯父所在的部队因有任务当天行军到烟台去了，奶奶立即往家返，回到家后，听村里人说伯父在去烟台途中顺便回过一次家，但因为当时战斗任务紧急，没有等到奶奶回来，就跟上队伍走了。奶奶鞋未送到，也未能与伯父见面，成为她终生的遗憾！

---

① 牟明恺与牟明亮一起参军，在一个部队工作，渡江战役时任排长。新中国成立后先后任上海市捕鲸队书记、航道局党委书记等。

为了母亲、弟弟的永远解放

1948年8月20日　许英致母亲、弟弟

写信人许英，原名许彭山，祖籍河北省饶阳县良见村，1921年生于黑龙江省齐齐哈尔市一个东北军文书家庭，小学文化。1938年参加冀中抗日游击总队，1939年在中国人民抗日军事政治大学（简称抗大）3团学习并加入中国共产党。历任冀中第一游击总队战士、班长、文书，冀中警备旅文化干事，抗大六分校政教干事，晋绥二支队指导员，东北人民解放军第四纵队12师35团2营教导员等职。1948年9月在辽沈战役塔山阻击战的前哨战大东山战斗中牺牲。

1949年5月许壮图粘贴保存并题记的儿子许英15岁时的照片

母亲：

我想你！

十年来，我想着那出门在外远不知天边的山儿，我眼里含满了泪。他难道还会活在人间吗？忘记是哪一天，我记得好像是有一只燕子代〔带〕来了一封长长的山儿的家信。

啊，那不是梦吧！起初，我还终日不断的悠念着我的儿子，现在10年了，也许他再不会存在于人间了，以后我便有时想起，却又很淡漠的从我的心坎间掠过，也许很少再忆起这令人心肠欲断的儿子的事。

妈，你是这样的再〔在〕想念着你的山儿吗？现在我回来了，我这封信如果能寄到你的面前，就好像我回到你的面前一样。可是，我却仍在遥远的东北人民解放军中服务，我真没想到会在军队里过了10年，现在我已是成年人了。10年的革命锻炼教育了我，我完全明白我这10年的斗争是无比的光荣伟大，我忍受了一切艰难困苦，在生死的危机情况下进行着顽强的流血的斗争，这是为了母亲、弟弟的永远解放。为着母亲的幸福，为着全人类的自由解放我情愿以死杀敌，我的光荣正是母亲的光荣、全家的光荣。

我在抗战胜利后往东北的途中遇见了金烤①、洪风②，知道家里已是自耕农，我想，家是解放区，咱们可能划为富裕中农，也许以后平分土地时，部分土地分出了，如果确是这样望母亲不必难过，我们多余的土地即是剥削而来，真〔按〕理就该退还农民，没有什么可留恋的，我们应该依土地法大纲去做，遵守政府法令，更应积极生产，支援前线，一切要为全人

---

① 金烤：许英的同乡许金烤，为解放军第四纵队123师368团战士，牺牲于河北省张北县。

② 洪风：许英的同乡许洪峰，为解放军第四纵队123师368团战士，牺牲于河北省宁丰县(今河北省宁丰满族自治县)。

类打算，不能为个人利益计较，你有了这为人类解放事业而斗争的光荣儿子，你就是为人类解放事业而斗争的光荣母亲。我想母亲见广闻多、通达真理，也许早做了模范母亲哩！

儿现在于东北人民解放军第4纵队第12师35团2营任教导员，改名叫许英，为着完成党给予的任务，到东北后，我曾日夜不停地工作着，也很有兴趣，生活很好。

明年我们就会打进关去，〈在〉东北我们有强大的炮兵、飞机、坦克，百万大军将来轰轰烈烈地打进关去，全国的胜利就在眼前，那时再见吧。

　　祝

母亲健康

你的英勇的为人类解放事业而斗争的儿子　彭山　敬礼
1948年8月20日于辽宁省盘山县

亲爱的福、岳二弟：

自从我离开家十年来，母亲的生活完全依靠你们照顾，我非常感激！我虽没有直接在家照管母亲，但我的十年斗争又确是为了母亲与家庭长期幸福。

听说你们在家从事农业生产，我很高兴，劳动最光荣，世界上的一切都是劳动创造的，我也再〔在〕为保卫劳动者的果实而斗争。如今平分土地，是我党的政策，是为农民翻身消灭封建统治的政策，是中国今日之必须。愿我弟必须遵守政府法令，积极生产，积极支援前线。

咱们家走了两条道路，不知父亲、哥哥在什么地方，如果在国民党那里干就没有前途，是死亡的道路。现在人民解放军大举进攻国民党反动军，成千的将官都被我军俘虏，士兵为蒋贼独裁战死是太冤枉的道路，应该寄信叫他们回来。

现在，我们五大解放区联〔连〕成一片，我有了通信机会，所以能写这封信去并寄去像〔相〕片二张，都是今年照的。这张半身的是我们打下鞍山进城时照的，那张坐着的全身像，是我〈在〉打辽阳的战斗中缴获敌人的小照相机，可以自己照像〔相〕，是我自己照像〔相〕，自己洗的。你看我的摄影技术学得还不错吧！如果我回到家里照像〔相〕，可以不花钱，一定给你们好好照的。

我听说福弟已经结婚而且有了小孩，是吗？很好，将来回去我也可以抱抱，望你叫他好好学习，长大了也好为人民服务。

我年纪大了，我准备干一辈子革命就算达到目的了。我现在很愉快，不必挂念并请问亲友安好，把信念给他们听，我就不另寄信了，并将我的事告知前街贾桂生叔叔知道，因为他是我革命的响〔向〕导。

我在一九四六年一月，在张家口时去过两封信，但不知收到了没有？里面也装有相片。

家里的一切情形如何，我很想知道，亲友的情形我也很想知道，望能多多来信。现在我们全国解放区联〔连〕成一片，都可以通信，多写吧！

来信寄东北人民解放军第四纵队十二师卅五团二营许英收即可，因为我改了名字别人不知道我叫许彭山。

这几天我不断看见有些老同志接到了从关里来的家信，都这样寄的就收到了，所以引起我来！来信吧！

祝

身体健康，增加生产

兄　彭山　敬礼
1948年8月20日于盘山县

许英未来得及寄给母亲和弟弟的家书

背景解读

1948年9月12日，林彪、罗荣桓集中东北野战军主力，包围绥中、兴城、义县，发起辽沈战役。10月1日，东北野战军全歼义县、兴城、绥中之敌，主力部队包围锦州。蒋介石急忙从华北、山东海运来7个师，加上锦西、葫芦岛守敌4个师，组成东进兵团，欲解锦州之围。东北野战军第四纵队（简称四纵）、第十一纵队（简称十一纵）和冀热辽军区独立第4、第6师奉命在塔山地区阻击敌人。

塔山位于锦西与锦州之间，是个只有百十户人家的小村子。这里东临锦州湾，西接白台山，北宁铁路从村子穿过，是国民党军东进兵团驰援锦州的必经之路，战略位置十分重要。实际上整个战役一开始，塔山就成为双方争夺的焦点。

1948年9月27日，为了占领塔山一线阵地，许英所在的东北野战军第四纵队12师师部决心在敌人的防御体系中挖出一块，许英作为教导员带领第2营负责进攻塔山一线阵地南侧、靠近海边的大东山堡和65号高地的任务。这次作战是穿插进攻，单刀直刺敌人心脏，在敌人窝里钉钉子，伤员是无法抬下来的。有多年战斗经验的许英深知这场战斗的险恶。出发前，他把自己用多年心血写就的《工作遗痕》等6个记录本交给了战友杨继忠，还向杨继忠要了两颗手榴弹，准备不得已时和敌人同归于尽。

许英在做战前动员时说："为了解放全东北必须先解放锦州，解放锦州必须切断锦西和关内向东北的增援之敌，这场战斗是关系到东北人民解放的关键性的战斗，此次战斗要求行动神速、坚决进攻，敢于刺刀见红，坚决打乱敌人的部署和防线……"部队于27日夜从安山口出发，次日凌晨到达指定地域，全营内外夹击，消灭了大东山堡敌人一个营的兵力。拂晓，敌人醒过神来，在野榴炮、飞机和海上军舰炮火的掩护下从2个高地，向65号高地进行了3次疯狂反扑，均被我军击溃。许英在指挥这场战斗中不幸中弹负伤，战友们要把他抬下去，他坚决不肯。为了完成任务，许英示意战友们不要管他，全营继续进攻。许英因流血过多不幸牺牲，时年27岁。大东山战

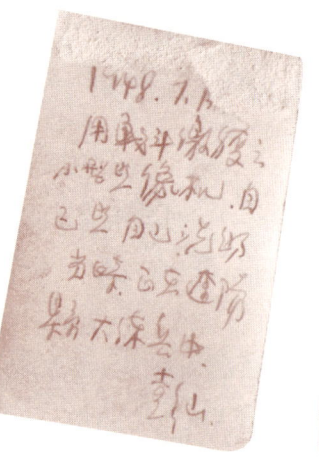

许英寄给家人的照片及题字，摄于1948年7月

斗中，第12师共歼灭敌人655人，我方也付出了537人牺牲的代价。

10月6日至7日，四纵主力到达塔山一带，连夜抢修工事，积极进行战斗准备。10月10日至15日，四纵在司令员吴克华、政委莫文骅的指挥下，经过6个昼夜的浴血奋战，连续打退敌人东进兵团在海空军配合下的多次进攻，毙伤俘敌6600余人，在友邻部队协同下，胜利完成了塔山阻击战的任务。

大东山战斗后，营长李文斌为烈士装殓遗体时，从许英衣兜里发现了两封家书，一封写给母亲，另一封写给两位弟弟。当时因战事繁忙，直到平津战役后，李文斌才将烈士的家书寄出。烈士家属收到来信如获至宝，却不知许英已牺牲100多天。与烈士家属取得联系后，第35团政委许军成和第2营营长李文斌均用书信向许英父亲介绍了烈士牺牲时的情况。

许英烈士的从军手稿《土改是怎么进行的》《民主运动生活总结心得体会》《工作遗痕》和文艺创作独幕话剧《变天》，以及政治学习笔记本、抗日纪念章等6件遗物，现存于哈尔滨东北烈士纪念馆。

多年来，许英烈士的侄子许卓亮精心保存着伯父的家书手稿，致力于挖掘整理烈士的事迹，传承其精神。许卓亮从北京某部队退休后，于2018年回到老家河北省饶阳县良见村，在家中老屋的遗址上翻建了一座新房，取名"家史馆"，把许英烈士的家书等相关家史资料陈列其中，将"家史馆"作为家族成员参观学习、慎终追远的场所。

不久我们就要打进关

1948年9月8日　朱瑞致母亲、哥哥

|朱瑞

　　写信人朱瑞，又名朱敦仲，1905年生，江苏省宿迁县朱大兴庄（今江苏省宿迁市宿城区龙河镇）人。1925年赴苏联留学，先后在莫斯科中山大学、克拉辛炮兵学校学习。1928年加入苏联共产党，后转为中国共产党党员，1930年春回国。1932年1月到中央苏区，参加第四次和第五次反"围剿"作战，1934年10月，参加长征。抗日战争时期，朱瑞曾任中共中央北方局军委书记、八路军第一纵队政治委员、中共中央山东分局书记等职。1945年夏，被任命为延安炮兵学校代理校长。抗战胜利后，朱瑞率延安炮兵学校师生开赴东北，组织搜集日伪军遗弃的武器，积极发展炮兵部队。1946年10月起先后任东北民主联军和东北军区炮兵司令员，兼炮兵学校校长。1948年10月1日，朱瑞在辽沈战役中牺牲。

母亲、哥哥：

　　我在民国三十四年十月从延安到东北来，同年十二月彩琴①

---

① 彩琴：潘彩琴，1924年出生，原本是一名童养媳，后参加了八路军，1942年与朱瑞结婚，1994年因病去世，享年70岁。

朱瑞和妻子潘彩琴、两个女儿在哈尔滨的合影

带淮北①来东北。在东北两年多了，我们身体都好。彩琴又生一女儿，名字叫东北②，很象〔像〕淮北，快能走了，满〔蛮〕健康。彩琴原先身体不好，生东北后保养的好，现在很壮很胖，请勿念。

我在延安就做炮兵工作了，因我在苏联学习的炮兵，我很喜欢这工作。到东北后，人民炮兵大大发展，我很高兴的做着，身体比过去更好了，工作精力更大，工作也还顺利。

东北发展很快，我想不久我们就要打进关，与华北会合，胜利（这次是真正的胜利了）与家乡见面，希望母亲、哥哥、嫂子及小侄均健康，均团圆见面才好！

苏北及山东打仗很多，听说家乡年成很坏，不知家中如何？

母亲健康否？哥嫂健康否？如有可能，请写个信来，因山东、苏北、东北已可通邮，写信时可以寄到的，只是慢点，不要紧。

---

① 淮北：朱瑞的大女儿朱淮北，1943年9月出生，1962年进入哈尔滨军事工程学院学习，曾在解放军第二炮兵某研究所从事科学技术研究工作，高级工程师。

② 东北：朱瑞的二女儿朱东北，1947年出生，总参谋部兵种部炮兵研究所工程师，从事炮兵快速反应课题研究，身患癌症仍坚持工作，直至生命最后一息，1992年2月在北京病逝。

农民翻身，国家才能强盛。我家有地出租，这就是地主，应做模范，把地自动让给农民，这才算名符〔副〕其实的革命家庭。我想母亲及哥嫂都必定早都做到。我记得〈在〉山东时母亲及哥哥都说过，我家都参加革命了，要地是没用处的。这是对的！

苏北及山东跑反①，士杰及坤一、小玲都跑到东北了，后找到我们，现分配在哈尔滨工作（公安局工作），他们都好，在东北坤一又生了儿子，名字叫七七（因七七生），一切都很好。还有其他朱家妹妹跑到东北，我等未找到他们，后来又都回山东及苏北了，我只接到陈爱华②一封信，她写信告诉我她回山东去了，我同她也未见过面。

听坤一说，大卓在跑反中失掉，现找到没有？

母亲是否仍在二姐家住？二姐家境情况如何，各亲友情况如何？均请赐知。

因为记挂母亲及哥嫂，去年六月曾派人到山东送信并附像〔相〕片给家里，因山东打仗，都没送到，至今家中情况不了解，常觉不安，特别母亲年迈，是否健在，时刻不忘，务请哥哥据实详告，如仍健在，请多予侍奉，以期胜利后还能团圆，至盼！

---

① 跑反：旧时为躲避兵乱或匪患而逃往别处。
② 陈爱华：朱瑞的外甥女，1937年遵从二舅朱瑞的教导，积极参加抗日救国活动，从而走上革命道路。

至各子侄辈，仍希统统推动他们出来参加革命工作或学习，才不致落到时代后边，甚至做对人民不利的事情。此事情请哥哥多负责领导他们。

祝阖家平安！

敦仲　敬上

九月八日①

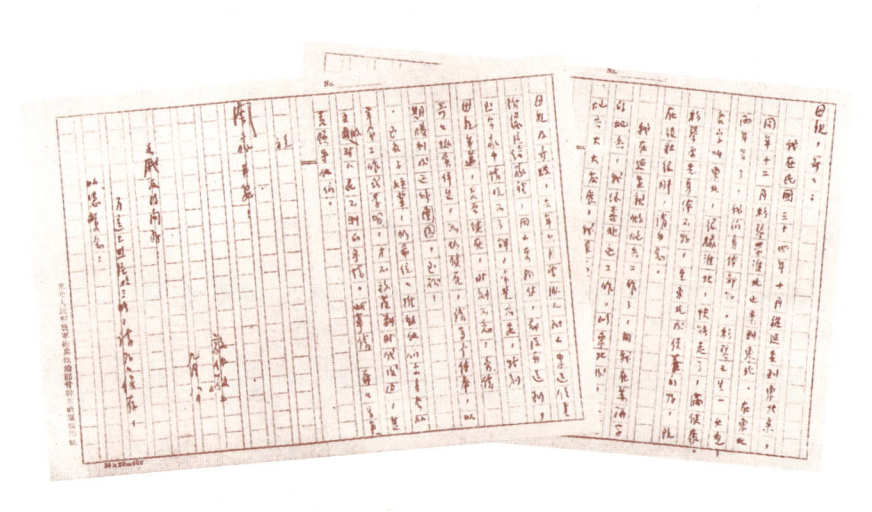

朱瑞未能发出的最后一封家书（部分）

<u>背景解读</u>

1948年9月8日，在奔赴辽沈战役前线的前夕，朱瑞在哈尔滨给母亲和哥哥写了上面这封信，信中倾注了他对亲人的无尽思念，表达了对革命

---

① 此信写于1948年。

1943年9月，朱瑞夫妇与母亲、哥哥、侄女在山东抗日根据地的合影

胜利即将到来的喜悦和对炮兵事业的一腔热忱。9月9日，朱瑞看望了一位到哈尔滨出席全国第六次劳动大会的山东枣庄煤矿张姓工人代表，并托他将信捎给在家乡的母亲和哥哥。9月10日，朱瑞告别妻女，从哈尔滨急赴辽宁锦州前线。两天后，他指挥炮兵部队投身辽沈战役。

1948年10月1日，在朱瑞率领的炮兵部队200多门火炮的强攻下，辽宁义县县城守敌1万余人被歼，义县顺利解放。当天下午，朱瑞在战场尚未打扫的情况下，深入战场一线，不幸触雷牺牲。

噩耗传到哈尔滨时，这位张代表尚未返回山东，遂将信件送还给朱瑞的妻子潘彩琴，这封信成为朱瑞未能发出的最后一封家书。此后，这封信一直珍藏在潘彩琴身边。直到1994年潘彩琴离世，朱瑞的这封家书和其他遗物才由其亲属捐赠给哈尔滨烈士纪念馆，如今保存完好。

1948年10月3日，中共中央发出毛泽东签发的唁电："朱瑞同志在中国人民解放军的炮兵建设中功勋卓著，今日牺牲，实为中国人民解放事业之巨大损失。"中央军委还批准将东北人民解放军炮兵学校命名为朱瑞炮兵学校。朱瑞是解放战争中我军牺牲的最高将领。在2009年公布的"100位为新中国成立作出突出贡献的英雄模范人物"名单中，朱瑞位列其中。

当我把蒋介石打垮后，返里，看大人

1948年11月20日　陈鸿汉致父母亲

|陈鸿汉

写信人陈鸿汉，又名陈洪汉，1919年生于山西省夏县西晋村。8岁入私塾读书，16岁到西安当店员。1938年7月参加八路军，赴延安抗大学习，毕业后分配到抗日前线工作。解放战争时期，他先后担任中原野战军第九纵队27旅811团参谋、副参谋长、参谋长，曾参加开封战役、徐州战役，荣立一等功，并被授予"人民功臣"称号。1948年，率部参加淮海战役，任第九纵队26旅78团参谋长。1948年12月牺牲于围歼黄维兵团的战斗中。

父母亲大人：

我由家出来至今十一年了，因战争没给你老人去信，罪感甚矣！我出来开始参加晋子〔豫〕边唐支队①，后编新一旅②。

---

①　晋豫边唐支队：八路军晋豫边游击支队，直属八路军总部领导。因司令员叫唐天际，故该支队又称"唐支队"或晋豫边唐支队。

②　新一旅：1940年2月成立的八路军第二纵队新编第1旅，简称新1旅，由八路军总部直接领导。韦杰任旅长，唐天际任政委，晋豫边游击支队编为第2团，团长方升普，政委敖纪民。

打败日本后，又改编中原军区野战第九纵队第二十六旅七十八团，现在郑州、开封、徐州一带打仗。我离家一切均好，一九四六年于豫北焦作结了婚，女人是个中学生，现在解放军干属学校任教员工作，去年四月生个男小孩，很聪明。我的文化比前大大提高了，并学了不少本事。当我把蒋介石打垮后，返里，看大人，请大人原谅吧。因怕家没有人，所以有些问题不能详叙，等你回信后再谈。

　　祝大人
健康

　　　　　　　　　　男　陈小狮　大名　陈鸿汉
　　　　　　　　　　　十一月廿日于郑州①

　　附像〔相〕片二张

　　大人，你接信后，现不要来找我，先给我来个信。因我们队伍东走西打，没有特定地方。

　　村干部同志：你可能认识我或者是同学。

　　因我离家已久，怕家没有人了，请你费心调查我家情形，可给我回个信。我是西晋村西社北门内，门向东，与陈得禄家对门，我叔父叫陈友忠。

---

①　此信写于1948年。

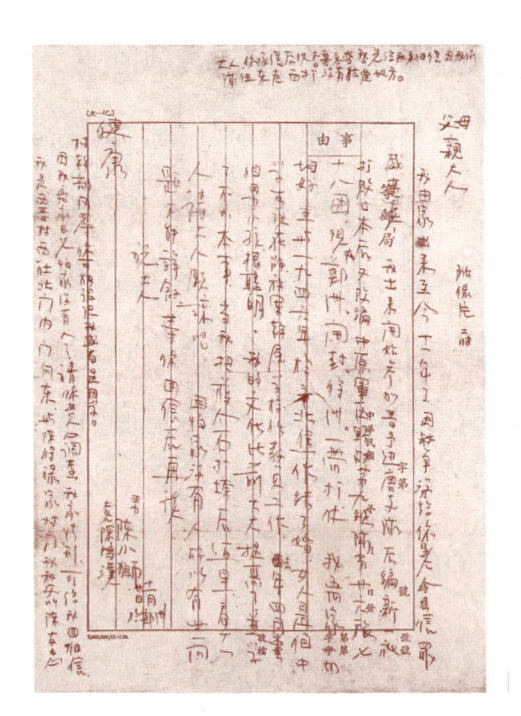

陈鸿汉的家书

背景解读

1948年11月6日，中原野战军和华东野战军组织60万兵力，联合发起淮海战役，在以徐州为中心，东起海州，西至商丘，北起临城，南达淮河的广大地区，对国民党军队展开进攻。

围歼黄维兵团的作战，从11月23日起至12月15日，历时23个昼夜，分为3个阶段。11月23日至24日为第一阶段——阻击合围阶段，24日黄昏，中原野战军各部全线出击，至25日晨，将黄维兵团合围于双堆集地区。11月25日至12月2日为第二阶段——准备攻击阶段。至12月2日，黄维兵团被压缩在以双堆集为中心的纵横5公里的狭窄地区内。12月3日至15日为第三阶段——阵地歼灭阶段。

12月6日16时30分，总攻开始，我攻击部队分成东、西、中3个集团，陈鸿汉所在的第九纵队属于东集团主力。12月7日深夜，第九纵队78

团终于突破了国民党军的前沿阵地，而参谋长陈鸿汉却被敌人的炮弹击中，不幸牺牲，年仅29岁。至12月15日午夜，黄维兵团被全歼，我军生俘兵团司令黄维、副司令吴绍周等。黄维兵团被歼灭，使被围的杜聿明集团陷入绝境，为全歼该敌，夺取淮海战役全面胜利创造了极为有利的条件。

战友们在陈鸿汉的上衣口袋里发现了这封没能寄出的家书，里面夹着一张全家福。在这张仅有三人的全家福中，陈鸿汉高高的个子，头戴军帽，目光坚定有神，注视着前方。身旁是他年轻的妻子，怀里是他们不满周岁的儿子。陈鸿汉常年随军转战，已经11年没有回家探望亲人。淮海战役前夕，他刚刚结婚生子，因为思家心切，所以拍了这样一张照片打算寄给父母。不幸的是，他回家探亲的愿望未能实现。

| 陈鸿汉的全家福

家书里的新中国

昨日此间各报纸载我南飞消息，不确

1949年1月10日　陈垣致三子陈约

|陈垣

写信人陈垣，字援庵，1880年出生于广东新会一个药商家庭。自幼好学，无师承，自学成才，早年参加科举考试，未中。1908年进入光华医学院读书，1912年被选为中华民国政府众议院议员。历任北京大学、北平师范大学、辅仁大学教授。1925年参与创立故宫博物院，任理事会理事兼图书馆馆长。1948年3月当选中央研究院院士。曾任辅仁大学、北京师范大学等校校长。他在宗教史、元史、历史文献学等研究领域有着开拓性贡献。收信人是他的三子陈约，字约之，毕业于广州法政专门学校，长期在广州、香港等地任教，1964年起任广州文化局研究员。

前月十一及廿日来信收到，《粤讴》、《求真》各一册亦收到，但前所寄者仍未得收也。《郑校长碑》未知有写"书丹"人否？如何写否？未见提及。古人所谓书丹，盖以朱书

石上刻之，今敦煌各处出土墓志，常有丹墨所书而不刻者，千百年如新也。《谢公祠碑》似有其事，但不甚记得清楚。你字甚佳，可惜碑文做得不好，无新意，且已改行，说不出精彩话，所谓勉强应酬者也。

辛姊①近状如何？甚念。昌孙②来信亦收到，但未知〈其〉已谋得职业否？现在时期，各处都一样难。谨慎守己，不过求舒展就是。昌孙人甚精乖，吾甚喜欢他。虽常常回信不客气戒之，实爱之也。这次失业，无要紧。人不能一帆风顺，总有些挫折，正所以练历之。吾在他来信中见其进步多矣，可爱也。当其得意时，吾常防他为人所妒忌陷害，梦寐挂之，故常告以"君子怀刑，小人怀惠"。老实说，即怕其贪心及犯他罪也。今竟幸免，只暂时失职，又何憾焉，在吾则已极满意矣。

吾自围城后未写各处信者将及一个月，今始恢复写信。平津安，勿念。昨日此间各报纸载我南飞消息，不确。恐传至粤，以为我真已南飞也。自前月十七八政府来电并派机来接，都未成行。后又敦促数次，均婉谢，因无走之必要也。只难为粤中家人挂念耳。其实情形不至如报纸所传之恶。吾未尝一日废书，书案堆书如山，竟至不能伸纸写信。今此信

---

① 辛姊：陈垣长女桂辛。
② 昌孙：罗永昌，桂辛之子，陈垣外孙。

陈垣（后右二）和他的生母、四位妹妹等家人的合影

亦在书堆上写，凹凸不平，无法清理，只好如此。三叔①处亦久未去信，赖有各侄传达消息。各侄均乖，听话可爱。现已放假，学校因学生闲，又不能走，男女宿舍，尚余千人，乃另开寒假讲习班，已开始矣。今日预备复三叔信，最好你见三叔时，便中告知，请其勿念。现初复航，正设法为各侄南飞计。但实无甚要紧，钱粮都无问题，此局面不能久。专此，不一不一，即祝汝各人平安。约儿阅。

父字。一月十晨。②

---

① 三叔：陈垣胞弟国键。
② 此信写于1949年。

背景解读

1948年12月中下旬，东北野战军第三、五、六、十纵队及华北野战军第七纵队共20万兵力联合行动，攻占南口、海淀、丰台、黄村等地，完成了对北平（1949年9月更名为北京）的包围。大军兵临城下，驻守北平的国民党华北最高军政长官傅作义丧失了抵抗的资本。在中共北平地下党的积极努力下，傅作义同意和谈，派出代表与解放军平津前线司令部接触，但傅作义意欲保存实力，缺乏诚意，此次和谈没有结果。

1949年1月6日，傅作义派周北峰为谈判代表，由燕京大学教授、中国民主同盟副主席张东荪陪同，抵达蓟县（今天津市蓟州区）解放军平津前线司令部。8日，平津前线主要将领林彪、罗荣桓、聂荣臻、刘亚楼等同赴谈判桌，经过两次谈判，傅方同意了中共提出的"所有军队一律解放军化，所有地方一律解放军化"方案，双方草签了《会谈纪要》。

因为北平是千年古都，留有大量文物古迹，且中共深知"上兵伐谋""不战而屈人之兵"的道理，因此积极谋求和平解放北平。当时的形势是，解放军大军围城，守城部队表面上在部署抵抗，实际上已在与解放军秘密接触，谋求自保。战云密布，北平城内的各阶层民众人心浮动，其中包括像陈垣这样的大学教授。此时，傅作义在北平城内修建了天坛、东单两处临时机场，南京来的飞机起落频繁。是走是留，对每一个人都是考验。

1948年下半年以来，特别是经过济南战役、辽沈战役后，蒋介石深知国民党在华北大势已去，谋求退守江南或台湾。11月，他授意朱家骅、傅斯年、蒋经国等人，磋商谋划"抢救"平津教育界知名人士的办法。这是蒋介石对高级知识分子的争夺计划，被称为"抢救大陆

陈垣先生在工作

学人计划"。按照计划，国民党将准备南撤的平津文教界人士分为四类：一、各校、院、会负责人；二、中央研究院院士；三、与官方有关的文教人士；四、学术界有贡献者。以上计划人数有三四百人，以北平大学、清华大学、南开大学等校的教授居多。[①]陈垣当然也在这个名单之列。

1948年12月中旬，解放军开始围城，南京国民党政府陆续派专机接运名单中的学者。从15日开始，专机先后将胡适、陈寅恪、张伯谨、毛子水、梅贻琦、袁同礼等人送抵南京。1949年1月7日晚，又将辅仁大学教授英千里、北大教授钱思亮等60余人接出。3天后，陈垣给儿子写了这封信，信中也提到南京国民党政府派飞机来接他，而且再三催促。这时他的判断是"平津安"，"无走之必要"，因此婉言谢绝南迁。信中还提到，9号的报纸有他离开北平南下的消息，他希望儿子及家里人不要相信传言，情况并不像报纸上所渲染的那样不好，自己现在仍然是每天读书，生活正常，请家人不要担心。

蒋介石的"抢救大陆学人计划"最终实施并不顺利，除了胡适、梅贻琦等十几人之外，原国民党中央研究院的80余位院士有60位留在了大陆，像张伯苓、吴有训、茅以升等重点"抢救"的对象都没走。有些已经南迁的院士，如陈寅恪则辗转去了广州，留在了岭南大学任教。[②]

其实，直到1949年1月14日，傅作义并未下定完全交出北平的最后决心，他派全权代表邓宝珊偕同周北峰，再赴通县（今北京市通州区）解放军平津前线总部谈判，意图拖延时间，可是就在这一天，解放军发起了解放天津的战役，经过20多个小时的激战，1月15日下午解放军攻克天津，13万守军被全部围歼。至此，北平成了一座孤城，20多万人的守军完全处于解放军的严密包围之中。22日，傅作义在《关于北平和平解决问题的协议书》上签字，并将该协议书以公开发布的方式告知国内外。

自1月22日至31日，国民党军队的华北"剿总"总部，第4、第9兵团部及8个军部、24个步兵师、1个骑兵师，连同特种部队及非正规军，

---

① 孙明、蔡金刚：《史海钩沉："抢救大陆学人"计划》，《海峡科技与产业》2015年第9期。

② 易明：《逃台前，蒋介石的"抢救大陆学人计划"》，《法制与社会》2006年第4期。

总计25万人，全部开到城外指定地点，听候改编。1月31日，东北野战军第四纵队进入北平接管防务，北平宣告和平解放。

1950年，辅仁大学由中央人民政府教育部接办，陈垣仍任校长。1952年，高等院校院系调整，9月起，陈垣任北京师范大学校长，直至逝世。1955年，他当选为中国科学院哲学社会科学部学部委员。1959年，陈垣加入中国共产党，曾任第一、二、三届全国人大代表、常委会委员。

1971年6月21日，陈垣先生去世，享年92岁。遵照他的遗愿，家属将其积存的4万元稿费全部作为党费上交，珍藏的4万余册图书及千余件文物全部捐献给国家。

全国光明的日子就会来临

1949年1月24日　罗士杰致父亲和弟弟妹妹

写信人罗士杰，1926年生于黑龙江省望奎县。1941年毕业于哈尔滨师道学校，毕业后在乡村小学当教师。1948年8月参加东北野战军，在第四军分区政治部宣传队工作。1950年，罗士杰任军委总后勤部运输部驻郑州办事处文化教员。1951年任军委总后勤部计划室助理员。1954年春转业到哈尔滨轴承厂工作，历任厂技工学校主任，总务科、行政科副科长，十五车间副主任，厂办副主任等职。1986年退休，2012年因病逝世，享年86岁。

罗士杰
照片后文字：士俊哥哥留念，胞弟士杰。1950年5月于河南郑州

父亲大人：

胜利的消息已经传到家乡了吧？天津、北平已经相续的在胜利的四九年初解放了。我随着部队的前进已经进入了中国有名的工业都市"天津市"，可能在这里过旧历年。自进关后我们宣传队就参加了解放平津的战勤工作，儿被分配到

接收物资的工作组里，每天乘着大汽车不是接收这，就是接收那，堆集〔积〕如山的胜利品都由我们一处又一处地聚集着。我在这样的一个胜利局势下，兴奋的、热情的工作着，我的一切都迎着大军的胜利在愉快着，身体亦很粗壮，希勿念。

大约不久我们尚要越过长江，打到南京、上海、重庆、广东……一直解放了全中国，再胜利的回到故乡去，请你们等待着吧！！这个日子不会太远，只要再有一年，这个全国光明的日子就会来临，希望您保重身体，努力生产，支援前线，以助我们早日完成全国解放的胜利。

父亲，旧历年关就要接近了，家里的人们都很好吧！车站的买卖还做着吗？士勋①弟上学了没有？淑清②现在是否还在哈尔滨工作，或是回家了？士俊③兄的工作怎么样？一定很好吧！如有转动的话请通知我，以便将来通信，再者，家里政府照顾如何，希回信赐知。

士强④弟的生产一定很好吧？

一群弟弟妹妹们：

今年的旧历年我不能和你们在一块玩啦，关里的各大

---

① 士勋：罗士杰的弟弟罗士勋，家中排行老三。
② 淑清：罗士杰的爱人李淑清。
③ 士俊：罗士杰的大哥罗士俊。
④ 士强：罗士杰的堂弟，自从其父母去世后一直在罗士杰家中生活。

名胜都市都游赏了，真好，又特别有意思，等胜利后回到东北，我一定介绍给你们一些好东西，还一定要给你们捎回去一些纪念品，好好等待着吧。这个日子绝不会太远！今年的过年我想一定很有意思，你们可以尽量地欢乐，因为你们大家是经过一年中的自己劳动，虽然简单些，但是那是有意思的，别使老人烦恼。今年生活不太好，明年更加油，靠自己劳动吃饭，你们都长志气好好干吧！等我回家的时候，那时也多光荣啊！我想咱们家一年会更比一年强的。要和你们说的话很多，因为工作太忙，没时间了，止笔。最后祝福你们

新年快乐！

罗士杰　上

1949.1.24

车站的买卖如不能继续做，父亲有无其他营业，请告知。可能由我代想一个办法，及我营生。急速回信到：天津市英租界大里西道衡阳路六号东北野战军后勤政治部宣传队

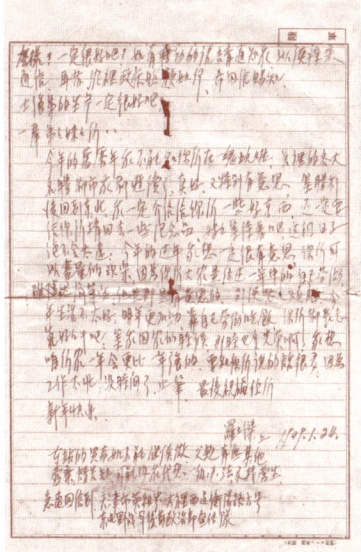

罗士杰的家书

背景解读

1949年1月15日，在林彪统帅的东北野战军的猛烈进攻下，经过29个小时激战，13万人的国民党守军溃败，天津警备司令陈长捷被俘，天津解放。同日，天津军管会成立，黄克诚任主任，谭政、黄敬任副主任。

这一天，200万海河儿女欢天喜地庆祝天津解放。9天后，参与天津接管工作的罗士杰，在繁忙的工作之余给远在哈尔滨的父亲写了上面这封信。

罗士杰是东北野战军第四军分区政治部宣传队的一名战士。天津解放初期，他所在的宣传队就参加了解放平津的战勤工作，罗士杰被分配到接收物资的工作组，负责接收战后的胜利品。从这封家书中可以看出，接管工作正在紧锣密鼓地进行，大家精神愉快、士气高昂。

对于接管天津，我党早有筹划。1949年5月，天津军管会主任黄克诚在《关于天津接收工作给中共中央、华北局的综合报告》中说，早在部队攻城之前，一批准备接管天津的干部已集中待命，做好了准备。第一，进行思想动员，说明进城任务，为解放天津人民、建设天津，为华北人民与解放战争服务。讲明进城工作的方针步骤。宣布纪律，不乱讲，不乱做，不私拿东西，不贪污腐化，遇事请示报告。讲解各种具体政策，如职工运动、工商政策、外交政策、文化政策等，使参加工作的干部统一思想、统一政策认识。第二，组织接管机构，分财经、文教、市政三大部门。财经部门下设金融、对内对外贸易、仓库、交通、铁道、水利、农林、摩托、卫生、电讯、工业等处；文教部门设有新闻出版、教育、文艺3个处；市政部门下设公安、卫生、教育、民政、工商、公用、财政等局，并把所有来的干部分别配备到各个机构。第三，划分和确定各部门接管对象，并由各部门自行制订接收计划，交市委会审查。第四，拟制布告条例等，以备进城使用。

1月14日部队开始攻城，主要接收干部于当日进到天津的杨柳青镇附近。15日上午12时公安干部一部即进入市内，军管会与各机构的主要干部于16时进入市内，其他干部和纠察部队连夜赶赴市内。16日所有干部全部到达，立即赶赴指定岗位展开接收工作。

原国民党各机关人员（包括政权、文教、学部、企业），除政权、学部、特务机关留少数人看守办公地点外，其余人员大部分被遣散回家；企业部门人员，除战斗激烈、遭受炮火威胁的单位分散回家外，其他均在各单位未动。因为各机关均有移交的心理准备，有些单位还进行了移交演习，所以我方接收干部到达各岗位后，一经号召，分散回家人员很快就返回了工作岗位，经我方宣布政策，讲明接管方针、手续后，开始办理移交。这样，有些部门迅速恢复了日常工作，如警察、公用事业及一部分工厂。只用了不到一周时间，所有机构，除个别未发现的机构及被敌人破坏和遭受战争毁坏的机构（如中国纺织建设公司天津第七厂、正中书局等）外，已全部接收完毕。

所接收机构的物资、档案等，除敌人事先疏散、埋藏及烧毁的之外，其他文件物资均完整无损，接收工作顺利完成。所接收的物资中数量较大的有布、纱约150万匹，各种粮食约3000万斤，汽油、机油约4万桶，军衣

（大衣、棉衣、单衣）约30万套。至2月初，接管任务基本完成。①

　　就在罗士杰写完这封家书的第四天，天津迎来了解放后的第一个除夕夜。这是一次真正的新旧交替，不仅是时令节日的转换，而且是社会面貌的巨大变化。因为，天津人民从此过上了和平安定的生活。可以想见，罗士杰的这个春节在天津过得也不错。随着接管任务的逐步完成，春节后不久，罗士杰所在的宣传队就南下武汉，继续进行接收工作。

---

① 中共天津市委党史资料征集委员会、天津市档案馆编《天津接管史录（上册）》，中共党史出版社，1991年版。

今天北平已经是人民的城市了

1949年2月13日 宋云亮致胡玉华

宋云亮，摄于1955年授衔时

写信人宋云亮，1923生于陕西省临潼县（今陕西省西安市临潼区）。1938年8月参加八路军。同年到陕北公学学习，12月入延安抗大学习，并加入中国共产党。1940年1月从抗大毕业后，到晋察冀三分区一支队政治处任干事，参加了百团大战。后在晋察冀三分区一支三队任副政治指导员。1945年2月入晋察冀军区炮兵训练队学习。同年10月任晋察冀军区炮兵团2营4连政治指导员。1949年任华北野战军第66军炮兵团2营营长。抗美援朝战争期间，先后任志愿军第66军198师炮兵团代理团长、团长。1955年被授予中校军衔。1966年因病离休。1977年不幸逝世，逝世后被追认为烈士。收信人是宋云亮的未婚妻胡玉华，小名玉花。1930年生于河北保定，1948年加入中国共产党。在天津护士学校毕业后，留校当职员。1970年到陕西省临潼县文教局担任文秘工作。1980年调入西北纺织学院，从事党务、人事等工作。1989年离休。

亲爱的玉花：

前次在保定城内给你寄去的信收到了吗？至今算起来已将近两月未给你去信，你和妈妈的身体都好吗？甚念！

玉花，我说的话不错吧。在寄信时不是告诉了你"平津不久即会解放"，为时不及一月已成了事实。告诉你：我们从保定出发，一直就往北走，在山里走了六七天，本来想赶去参加新保安战斗的，但我们刚到平绥路上，新保安就解放了；后来想去参加打张家口，还没有出发，张家口又解放了；所以在涿鹿住了不久就奔向平津前线。在这一路行军只有几天，真是冷的要死，严寒的北风吹到身上真像刀割似的。我自己想，如果没有棉帽子真会把耳朵冻掉，但是为了歼消敌人，终于克服了这些困难。当走出了南口，下了山以后天气就暖和多了。解放天津的战斗我们没有参加，是东北部队打的。我们是准备攻取北平的，在城下已经筑好了阵地，但是傅作义和城内的敌人完全投降了，所以也没有打成。玉花，这次胜利可不小啊！解放了北平、天津、塘沽、张家口等城市，歼消敌人五十多万。看样子，华北的全部解放已不会有多少日子了！

亲爱的玉花，不见面已经一年多了，想我不？当别人的爱人来了时我就想起了你。当这种时候我自己心想，还是不要想，想这些事干什么，但是我又觉得人是有感情的动物，怎么能抑制住不想呢？何况这又不是什么非法的事情，你说对不？玉花，告诉你，你也告诉妈妈，我很好，身体很健康，可别惦念。我们在北平昌平县住了很久，这里离北平城不远，只有五十多里路，我们是在这里过的年，很热闹，生活也很好，吃了不少的慰劳品（猪肉、大鱼、大米、白面、麦子等）。现在我还有两包饼干，想给你留着吃，但是又想可能留不住，因为别的同志看见了就要吃。其次给我的慰问袋里装着一个很美丽的日记本，我已经把它保存起来了，准备回去送给你使。你也应该知道，一个兵在这种情况下是没有更好的东西送给自己的爱人的。

　　再告诉你一件事。北平的警卫部队请我们（是干部们）到城内参观，我们今天是坐汽车来的，住在国民饭店。北平可真热闹，街上有电车，有稠密的行人，有很多的商店，来往的汽车，真比驮粮的小毛驴还多哩！今天晚上我们到国民影剧院看的戏，看了名角叶盛章的《九龙杯》，的确不错。听说明天让去参观故宫（就是金銮殿）、北海公园、中南海、万寿山等，明天晚上还可能看戏。玉花，能到古都——北平参观这些名胜古迹，确实是很难得的机会啊！最使人兴奋的是，今天我们坐着汽车到东交民巷玩了一次。听说原先国民党统治的时候，这是"外国地"，中国人是不大敢去的，可是今天北平已经是人民的城市了，东交民巷的外国人们也再不那么胜〔盛〕气凌人了。

　　玉花，我想向上级提出我们的结婚问题，你同意吗？不过现在还没有提，等以后提了，上级作了答复再告诉你吧！

今天晚上我一个人住了一个房子，电灯很亮，写信很方便，所以就想起了给你写信。

就在这里止笔吧，想说的话实在是太多了！以后再说吧！

吻你！

你的云亮

1949年阳历二月十三日夜

于北平国民饭店

| 宋云亮致未婚妻胡玉华的家书

背景解读

1949年1月31日，是农历的大年初三，北平城内的20多万人的国民党军队开往指定的地点接受改编。根据《关于北平和平解决问题的协议书》，解放军开始接管北平防务。在西直门城门口，举行了简单的交接仪式：国民党的哨兵走下哨位，换上了解放军的岗哨。为了不打搅群众过年，这天下午，东北野战军第41军悄悄接管了北平防务，北平和平解放。

2月3日，大年初六，解放军在北平举行了声势浩大的入城式。这天天还没亮，北平的各界人士和市民们就不顾天气寒冷，涌向解放军经过的街道，欢迎子弟兵入城。上午10点，入城的部队分两路进城：一路从南苑出发，进永定门，沿前门大街拐进东交民巷，再经东单、东四、鼓楼到地安门大街；另一路从西直门进城，两路会合以后，从广安门返回驻地。这一天，北平成了欢乐的海洋。

时任华北野战军第66军炮兵团2营营长的宋云亮也参加了平津战役，但由于北平和平解放，他所在的部队没有打仗，而是在城北昌平待命。2月13日，他们受守城部队的邀请进城参观。这是宋云亮第一次来到北平，一天下来，丰富多彩的活动和见闻使他彻夜难眠。在下榻的国民饭店的客房里，他提笔给未婚妻写了上面这封信。

这封信从一位普通指挥员的视角，记载了平津战役的全过程，披露了当年的战斗环境和后勤生活，文笔生动。信中流露出战斗胜利后的喜悦和作为一支取得胜利的军队一员的自豪，也透露出对未婚妻的细腻体贴。信

宋云亮第二次回国时与胡玉华合影，1951年4月摄于河北省沧县

的称谓和问候语相当亲昵，几乎与当下恋人之间的称呼无异。

据胡玉华女士介绍，她和宋云亮的相识颇具传奇色彩。

1946年的秋天，一位解放军指挥员在与国民党军队的战斗中负了伤。那时，胡玉华刚满16岁，正在家乡上学，与乡亲们一起做支前工作。她和乡亲们救护了这位解放军同志，并为他包扎、医治。当时，这位细心的解放军伤员记下了胡玉华的姓名、住址和学校名。后来，胡玉华才知道，她救的伤员，是一位晋察冀野战军炮兵部队的指挥员，名叫宋云亮。

宋云亮伤愈归队后，立即给胡玉华写信，对她和老乡们的救治表示衷心的感谢，同时也热心地鼓励胡玉华努力学习，不断进步。胡玉华收到这封信后，马上回信，表达了对解放军的崇敬之情，并决心学好文化，争取进步。

在解放战争的3年里，宋云亮与胡玉华尺牍频繁，鸿雁往复。随着漫长的书信来往，两人的感情也日益加深。

1948年7月，宋云亮第一次提出两人结婚的请求。在随后的信中，宋云亮对胡玉华的称呼从"亲爱的妹妹"变成了"亲爱的玉花"，而且在信的结尾，都会说上一两句只有情人之间才会有的亲昵话语，如"吻你""紧握你的手"等。胡玉华被这个感情细腻、乐观开朗的年轻战士深深吸引。当宋云亮再次提出结婚的请求时，胡玉华终于腼腆地同意了。然而至此，这对年轻人一共只见过两次面。

在两个年轻人相互许下婚姻的承诺之后，作为部队的党员干部，宋云亮主动向组织汇报了恋爱对象胡玉华的情况。部队对胡玉华进行了组织调查，并通过了对胡玉华的审查。于是，宋云亮在1949年8月向组织递交了结婚申请。

1949年9月17日，宋云亮奉命从天津开赴北平，参加开国大典的大阅兵。10月2日回到了部队驻地天津。不久，他的结婚申请得到了组织的正式批准。胡玉华得知消息后，向学校请了假，同母亲一起从保定赶到了天津。1949年10月24日，两人举行了婚礼。

没入党也是共产党领导的战士

1949年3月3日　郭天栋致父母亲

写信人郭天栋，1928年生于山西省文水县城关镇东街村（今山西省文水县凤城镇东街村）。1946年4月参加革命，在解放军第61军181师当战士，1949年6月13日在咸阳阻击战中牺牲，安葬于咸阳革命烈士陵园。

| 郭天栋

父母亲二位老大人堂前叩禀：

敬启者，想二大人身体健康、饮食增加，是儿福也。大人来信，想念孩儿回家看望大人一面。以儿想来，大人和伯父、叔父你们弟兄四人只生下儿孤子一人，儿应该过节上坟祭祖，对二大人应常在家敬〔尽〕孝，可是儿正赶上蒋匪眼看快把祖国卖给敌美帝国主义，儿正在〔当〕青年不能坐视被害，应该出儿这份力量去打敌人，因此，儿为祖国不能敬

〔尽〕孝，儿为人民不顾己事。儿虽没入党，而〔但〕也是共产党领导的战士。今日站在革命队〈伍〉里，一定非把敌人消灭完，牺牲到底才回去侍奉大人。〈此〉儿之罪也，望二大人〈原谅〉。

现在，正是春天，百草放芽，众病发生，靠儿妹①正在会玩耍，年幼靠〈人照料〉。儿在外不能看二大人，望大人自己保重身体为要，不必惦念孩儿。咱家要有困难的事情，希大人可要求政府解决。政府念咱孤门独户，贫苦军属，一定给大人解决困难，尤其咱是贫农。再看你二老，我父六十多岁，我母快五十岁，又经常有病，我妹②一岁，只有儿在青年，在外与敌战争〔斗〕。政府更关心照顾咱家，决〔绝〕不让大人受困难。现在的政府和过去的大不相同。

望大人不要思念孩儿，儿在外身体很好。帝国主义快消灭完，各地的同胞眼看快都解放了，咱们可过好的生活了。大人好好保重身体，千万不要想念儿。等孩儿把敌人杀完，马上回去在大人身旁敬〔尽〕孝。不日，儿给咱县政府去信，请政府同志关顾咱家。政府看儿孤子为祖国人民，而不能在家奉养高年，政府决〔绝〕对帮助大人解决一切困难。望二大人保重身体为要，免儿在外惦念。现养儿不能敬〔尽〕孝，是儿之罪也。

---

① 儿妹：郭天栋的大妹妹。
② 我妹：郭天栋的小妹妹。

余言再禀。

　　　　　　　　　　不孝儿　天栋　拜叩禀

　　　　　　　　　　三月三日①

郭天栋的家书

背景解读

1949年5月，彭德怀指挥的第一野战军发起了陕中战役，解放了以西安为中心的广大地区。遵照中央军委关于进军西北的命令，第一野战军决心在1949年底以前解放陕西，占领甘肃、宁夏、青海，进而挺进新疆。当时的作战方针是"钳胡打马"，即钳制胡宗南，打击青海马步芳、宁夏马鸿逵部队。然而，盘踞西北的大军阀马步芳、马鸿逵为了阻挡解放军进军西北，向国民党军统帅部表示，他们愿意全力配合胡宗南，夺回西安，保

---

① 此信写于1949年。

住陕西。

1949年6月5日，马步芳命令其子马继援率青海兵团和宁夏兵团（马鸿逵部）共10万余人，分三路沿西兰公路两侧向咸阳推进，以谋反扑西安。6月10日，"马家军"进抵乾县，在阳峪岭和南、北注沮一线向解放军阵地发起猛攻。

彭德怀决定"诱敌深入"，主动放弃泾渭三角地区，命令王震、许光达的第1、2兵团分别撤至鄠县（今陕西省西安市鄠邑区）、咸阳一线，组织防御，在阻击中待机破敌。同时急电调华北野战军第18兵团61军三天内从太原赶赴西安，以第61军181师进入咸阳，占领阵地，坚决阻击敌人。

郭天栋所在的第181师按照彭德怀的部署，在师长王诚汉、政治委员张春森的率领下，众志成城，严阵以待，先后于咸阳、户县（今陕西省西安市鄠邑区）等地进行了顽强的阻击战。6月11日，第181师在泾渭河谷毙伤"马家军"第248师2000多人；12日，在户县击退胡宗南部的进攻，俘其第165师师长孙铁英；13日，第181师经过13个小时的激战，打垮了马继援所率部队，重创"马家军"，取得了咸阳阻击战的胜利。

郭天栋就是在这次战役中牺牲的。部队战后清扫战场，战友从郭天栋的衣袋里发现了这封浸透了烈士鲜血的家书。家书写于3个多月前的3月3日。当时，郭天栋接到了父母的来信，希望他回家一趟。父辈兄弟四人的孩子中就他一人是男孩儿，本该在家奉养父母、传宗接代，但是他却响应党的号召，投身到人民解放的战场。虽然郭天栋的文化程度不高，信中还有不少的错别字，但通篇贯穿着先国后家的大爱情怀，尤其是他能认识到"儿为祖国不能敬〔尽〕孝，儿为人民不顾己事。儿虽没入党，而〔但〕也是共产党领导的战士"，尽显一位革命战士崇高的思想境界。

后来，部队派人把这封还没有来得及寄出的家书转交给了郭天栋烈士的父母。烈士亲属把这封家书珍藏了半个多世纪，直到2005年7月，烈士的外甥王东跃把它捐赠给了抢救民间家书项目组委会，次年5月其被推荐给中国国家博物馆收藏。

天亮了就宣布我俩的关系吧

1949年5月17日　张焕光致陈素秋

写信人张焕光和收信人陈素秋都是广东兴宁人，早年同在兴宁县一中读书。1941年初中二年级时，两人开始通信，后互生爱慕。经历了初中、高中、大学在内的长达12年之久的恋爱，1953年两人在北京参加工作后结为夫妻。恋爱期间，他们相互以情书传递信息，共留下互通的情书1700余封，有180万字之多。通信地点有兴宁、广州、汕头、桂林等地。他们经历了抗战胜利，广州、桂林解放等重大事件，通信内容既有离别之痛、相思之苦，也有重逢之喜。这封信便是写于广州和桂林解放前夕。

张焕光、陈素秋第一次合照，1947年摄于广州

秋儿：

在这动乱的时期令人思念的事是特别多。当今交通不甚通畅，好像我俩被阻碍，而使我们隔离得更远些。你的14号信经过十一天了还没有收到，因为什么被阻我不知从何

想起，五〈日〉、十〈日〉是你发信之日，而惠明九日来的信早已收到了。……我想此后必须寄航空信才成了。近来穗、桂间的空运比较多，虽然邮费是贵得如此惊人，但也只好这样了。真的，寄信的费用也是一大笔钱，航空信是一角三分。在桂林什么都讲银元〔圆〕，金元〔圆〕券已不通用。此地的邮票也是特别的，穗市不能用，那你就寄回给我再用。广州还使用金元〔圆〕券吗？金融如此动荡也很伤脑筋。你用的钱从哪里拿？常常使你很困苦吧！我这里除了伙食之外，并没有其他日常支出，就是没有零用钱，也没有多少时间去苦恼。不过在桂林的人，现在个个都陷入贫困之中。

张焕光、陈素秋第二次合影，欢送张焕光去广西大学读书，摄于1948年9月

现在，我将此地近日的情况说一说吧！在此情况下，我走与不走的问题还在彷徨当中。时局如此发展，学校无钱复课，很多教授已走了，新校长借口不来接任，虽然有校务维持委员会，但也是没钱没办法。教育部在国家经济崩溃下根本没有办法应付。校方虽然派人飞到穗市去请款，带回来的数目也是少得可怜。这一学期在这两种情况下就没有课可上了。现在是五月中旬，按照校历，上课也不过是到六月底。

近两三日，只良丰校分部①每日都有七八十个人回家了。这情形使学校更加紧张，现在每个人谈的都是回不回家的问题。大家每日都以紧张的心情向来自市内的人探听消息。目前，各商店都抛售物品，以致百物贱卖，米亦跌价，现已两元（银元〔圆〕）可买到一百斤。不过，时局十分紧张时，米价一定是昂贵的，恐怕有钱也买不到。前星期传说湖南粤汉路的混乱情况，国民党军见人即拉走，强买强卖，一说是白崇禧特令士兵对湖南大学采取报复手段，见学生即拉来当挑夫，女生遭轮奸，致使学生不敢出校门。衡阳情形也相同。火车挤得不得了，根本无法上车。这样，除了军运外，粤汉路已断绝。现在与穗市的通路只有空运与梧州线。目前回去的人多是广西人及湖南人。

前日，桂林市内发现很多解放军的约法八章的油印传单，学生自治会也接到了。约法八章是解放军以前在北平颁布的一样，叫老百姓不要互相惊扰。现在许多人都不走，根本也走不动，回不了，等待解放。进〔近〕来，大家都开了不少应变会。留在学校如何渡过这一难关？前些日子，东韩江客属同乡开了一个座谈会，包括教授、讲师和学生等，讨论留校后如何应变，决定每人以一银元〔圆〕作基本应变费，购米存放起来，到最困难时期大家共同吃饭，同时，还

---

① 良丰校分部：广西大学在桂林办学时在良丰设立的学校分部。

登记各人现有的金戒指等，必要时拿出来应用。因目前很多人都已无饭可吃了，而钱又未到，故又设立救济会，将个人多余的钱拿出来供同学借贷。事实上，汇款困难哪有存款？尤其是这一批兴宁同乡，个个都是囊空如洗，真是连吃饭都成问题了，加之交通阻断，汇钱困难，很难指望。眼见时局日紧，将来很成问题，因此，又主张组织拍卖团，各人将现实多余的物品拍卖，以充裕经济。今晨是良丰圩日，大家的物品交专人负责拍卖，交易的对象当然是乡下人，而且正值桂林物价大跌之时，这种拍卖的价钱当然应该更低。这次大概收集了五六十件东西，新的也有，旧的也有。我还有好多剩余物品，现在穿的衣服还有，我便将一块做衬衫布料拿去拍卖，反正现在是无法做来穿的了。同乡中比我穷的人很多，现在动乱时期，经济上是合体了，谁有钱就先拿出来用，只有这样大家才能过活，当然这到最后才结算偿还的。

秋儿：我的经济情况，在前一信中也大概说过了。我到校已两个多月，除昌右先寄来港币十元外，就没有再收到钱了，他此后寄的二十元是否平安很令人耽〔担〕心。今日来信很少，也许通通被阻在路途上。我盼望了半个月的信，一封都没有收到。我先后寄给二哥两封信，要他寄钱来，现在仍没有消息，也许是付款的形式很伤脑筋。昌右寄来的十元已换了一元三角（港币）要作应变基金。你寄来的十元仍没有用，现在不得不用了，要买米。总计起来，我现在还不会借他人的钱来吃饭，我可以迟到六月上旬，因为迟两天又可领到省政府借粮二十多斤，团里每月要九十斤。

秋儿：不要挂念吧！一个人不会受饿的，要饿只有大家饿，而且这个应变会正在向外募款。秋儿，这样困苦的日子大概不会很长，一两个月吧！局势也就会变了，留在学校没有走的同学正在商量学校的警卫问题，当战争到来时如何处理，现也正在想办法借枪买子弹。当然，能够不打就好了。学校的情况大概就如此。

秋儿：你定很想念我，而且要我早一点回穗见你，来温暖你的生活，来慰藉你受冰冷的心灵，借爱的热力来解救你所受的痛苦。你已经等待的那么久了，天天日日在望着我回来吧！是的，我在挂念着你，我也在天天日日想回去。近来，他们一车一车的走了，我脑海中也充满了我走与不走的问题。事实上，我也很伤脑筋，我想在穗市要见的人只有你，你需要我跟你在一起，这样彼此才放心。秋儿，动乱时局来了，我很不放心你。虽然你在家里，但是当你心里不健全时，受到坏的刺激时，你会很反常，没有我在你面前，没有人能安慰你。秋儿，我很挂虑着你，现在我俩天隔〔各〕一方，我如何见到你呢？也许许多人都回家去了，我还留在这里，粤汉路已回不得了，梧州线还可以通行。二十四个银元〔圆〕可以坐飞机到穗。我心里虽然想快点回去，可是现在还没有办法。那末，让我到六月中旬再作决定吧！你不要以为我不会回来。假如桂穗在六月都能解放就好了，秋儿：这是很可能的。秋儿：我还未回到穗市，你还是要保持你安静的生活，不要自己扰乱了自己啊。

假如解放军在两个月内解放了桂穗两市，你的出路也许是较多的，纵然没有大学招考，也会有短期的训练，按能力分派工作，北平等地都已实行过。秋儿，我现在我想得是，假如穗市解放了，如有大学可考，就报考吧！无大学报考就这样办吧！当然，我还是希望你考到西大来跟我在一起学习同一样的东西。

秋儿：不用怕，解放军的正规军的军纪是相当好的，不像国民党军流氓做法，解放军对人民并不会用强迫手段的，不过碰到博〔搏〕乱的土匪的冒充却难说了。

秋儿：不要害怕，假如穗市解放了，虽然你是一个平民，你也得将你的身份弄清楚，你是一个正在努力读书求升学的女孩子。

秋儿：穗市正在紧急疏散，你们都很彷徨？你们都想回家乡去？其实，不用这个乱慌慌的，战争虽然可怕，但这战争不是抗日时情况，解放军只有靠人民才有力量的，所以不要跑回家乡去躲避，现在回家的路途还是危险万分，难道家乡就不会被解放？是一样的，何必奔走在危险路线上？说不定兴宁先解放了。现在闽省的战事关系到粤东，我相信广东没有什么大战的，广州也会不战而退，根本就无可防守。现在传说政府将迁四川。从形式上看，穗市不可能先于桂林解放。秋儿，不用惊慌失措，不用两个月了吧，天就会亮了。我希望你不会受影响而回到家乡去，回去有什么用呢？现在你家中必须储备多少粮食才成，这是很重要的准备。

秋儿：在穗市很紧张的今日，你应该在在小心，行动上要留意，不要随随便便，一切都要慎重。时局虽然如是，你还是不要放弃你的学习，不要养成一种惰性吧！你以充实自己来迎接光明的时代，你的事业会成功的。天亮了后，不再是碰运气的时候，虽然不一定在这时候有大学投〔报〕考，但也不要放弃将来的大好时机。秋儿，你乖乖吧！

你此后寄信必须寄航空信，以免遗失。这封夹给三、四哥的信，你亲自交去吧！也好顺便与他们谈一谈，看他们的情况如何。秋儿，说不定我很快就会回到你的面前，你不要挂念吧！天亮了我俩就宣布我俩的关系吧！现在可说没有什么阻碍了。我俩在一起也不会被人〈说〉闲话了。一两月后，我俩都很快活地见到光明了，给你热情 K.E 吧！祝秋儿健，宁静。

光

1949.5.17

张焕光写给陈素秋的信

天亮了就宣布我俩的关系吧

背景解读

张焕光和陈素秋两人最初的交往是女追男。

1941年11月8日,陈素秋以"Your Neighbour"("你的邻居")的名义给"Good Neighbour"("好邻居")张焕光写了第一封信,提出想和他认识,做好朋友。她在信中写道:"因为你留给我的印象太深刻了,我多么希望你能够成为好学长、好邻友,为此理由我想和你通通信,不知你以为好不好啊?"

张焕光收阅此信后,从信中"邻居"和"保密"等词语,确定了写信的是陈素秋,便简单回了信,同意与陈素秋做相识相知的同学。

此后二人鸿雁传书,并确立了恋爱关系。1946年夏,两人同时高中毕业,准备参加高考。张焕光到了广州,第一次高考失败,留在广州复习功课,准备下年再考。陈素秋因家庭困难,不得不去汕头投奔父亲,寻求工作。从此,两人分隔两地近一年,全靠书信传递彼此强烈的思念之情。他们相约每周发两封书信。他们每封信几乎都写得很长,等待、天气、心情、学业、生计等内容，交织在一页页的信纸中，缠缠绵绵。比如8月16日，陈素秋致张焕光："雨是这么多，在故乡我爱雨，在这异域，我是害怕触动的太厉害，我厌了这多雨的时日，不是吗？楼阁的人用一样的耳朵，不同感情，闻着这异乡的雨滴〈声〉，百感交集……"9月4日，张焕光致陈素秋："亲爱的秋儿，你的信快来吧！我已等待了一个礼拜了，就是因为我终日想着你的信，致使我这封也忘却了发，我检出我发信的日期来时，知道相隔又是五天了，那么这一封你也要等五天才可收到，孩子，是邮差们把我们信遗失了？……"

进入1949年，人民解放战争早已进入夺取全国胜利的决定性阶段，战争不断南移。桂林解放前夕，张焕光正在桂林的广西大学读书。战火蔓延，邮路受阻，平常三五天可以收到的信到后来十天半个月都不见踪影，张焕光焦急万分，挂念着女友的安危。上面这封写于5月17日的信就详细描述了这种战乱中的相思之苦。

1949年4月解放军发动渡江战役，于4月23日解放南京，广州成了国民党的大本营。10月2日，第二野战军第4兵团、第四野战军第15兵团和两广纵队联合发起的广东战役打响了。解放军右、中两路占领清远、花县（今广州市花都区）、从化、增城，左路逼近博罗。10月14日下午，第15兵团先头部队从广州北郊攻入广州市区，国民党的大军弃城而逃，当天夜里，解放军占领了市区所有重要目标。

陈素秋当时正在广东文理学院读书，她亲历了广州解放，同时挂念身在桂林的张焕光。10月15日晚上她给张焕光写信："今天是解放夜的翌日，闻满了耳朵的整夜爆炸〈声〉和黄沙〈地区〉火警〈声〉的人民，〈在〉天亮时才松了一口气。大家都怀着不可名状的心情起床，我也一样，因为燃烧炸药、汽油……等卜卜的声响不停，四点钟才比较稀疏一点，我没有入眠，一方面不晓得那轰隆声、卜卜声是相博〔搏〕的枪战或街战。一方面，我想着你在桂林，战火未及的话，而当你听到广州面临最紧急关头〈时〉你是多么思念哦！事实上，这也是我有生以来首一次大惊。没有经历过战场的人，不懂得火线边缘炮声之可怕与震惊。"

一个多月后，张焕光也亲历了桂林的解放。1949年11月，第四野战

张焕光、陈素秋夫妇翻阅保存了60余年的情书，摄于2006年7月

天亮了就宣布我俩的关系吧

军主力和第二野战军第4兵团，对退守广西的国民党军白崇禧集团发起了追击战役。11月13日，解放全州。11月19日，解放资源和灌阳县城。11月20日，解放兴安县城。11月22日下午，第四野战军第41军123师在桂北人民解放总队的配合下解放广西当时的省会城市桂林市。

在新旧交替的广州，陈素秋参加了高考，被广西大学矿冶系录取，终于实现了与张焕光两人在高中时定下的上同一所大学、同一个专业，组建"钢铁之家"的目标。1953年，张焕光和陈素秋先后大学毕业，被分配到中央重工业部（后改为冶金工业部）下属单位工作，在北京组建了稳定的家庭。他们在冶金系统工作了30多年，抚育了3个女儿，一家人其乐融融。

退休后，他们把所保存下来的情书进行了整理，按照年代和人物，装订成了60册。2006年7月，他们从报纸上看到了"抢救民间家书"的消息，经慎重考虑，并征得女儿同意后，把这批保存了半个多世纪的家书全部无偿捐赠给了抢救民间家书项目组委会。这些家书如今又成为中国人民大学家书博物馆的珍贵藏品，静静地躺在展柜中，向人们讲述着那一段动人的爱情故事。

把我们过江以来的
许多事情讲给你们听吧

1949年端午节　袁志超致八弟袁军

写信人袁志超，1925年生于山东临沂，1944年参加革命，在山东大学工作。1947年调至豫皖苏军区政治部，后编入第二野战军，在第18军司令部、政治部任秘书。1949年参加渡江战役，进军大西南。1950年随第18军进军西藏。西藏和平解放后，长期扎根在青藏高原，为守卫边疆、建设边疆作出了贡献。离休后回到石家庄，2003年去世。收信人袁军是袁志超最小的弟弟，当时才14岁。

袁志超，摄于1949年

亲爱的八弟：

你阳历四月廿三日寄给我和你四哥①的信，我于五月廿八日收到，我看了你的信，发现你比以前有了很大的进步，

---

① 你四哥：袁志超的四弟袁志坚，与袁志超在同一个部队。

信写得很好，希望你要更好的学习。

我接到你来信的地方，是江西省东北方向乐平县城里，你们一定是想不到的吧。我们应该谢谢作邮务工作的同志，我真想不到在战争中，又是这样远的路还能接到你们的信。

亲爱的八弟，你就拿起这封信来去读给母亲听吧，她老人家听了心里一定很欢喜的。我现在就把我们过江以来的许多事情捡〔拣〕重要的讲给你们听吧。

你们应该知道，在四月五日到二十日的十五天中，我们是和国民党谈过和平的，我们的毛主席为了少打仗，少叫老百姓受苦，少破坏许多财产，少死伤人，于是提出了八个条件叫国民党接受，谁知国民党这伙反动家伙顽固到底，不愿意接受和平条件，于是在四月廿一日那天，毛主席和朱总司令下了命令，叫我们三路解放大军一齐过江，去把国民党反动军队消灭光，解放江南人民，建立自由、幸福的新中国。我们接到命令后就过江了，因为队伍成千成万的很多，一时过不完，我们等到廿四日才渡过长江的。廿三日这天晚上，我们冒着大雨跑了七十里路，赶到长江边，住到一个村子中，这地方是安徽省桐城县，这村子的名字叫頣河集，到长江只二里路，村旁有条河直通长江的，我站在这河堤上顺着河面一直望去，只见白茫茫一片，问老百姓以后，知道这片水就是长江。有许多挂着白帆的船从那里开来，停在村子旁，江边住的十七军的同志告诉我，这许多船都是回来休息的，刚才有我们大批队伍过江去的。

　　回到村子中，一心盼着快天黑再快天明，好快些过江，看看长江到底是个什么样子。我们有许多同志知识缺乏，不懂事，在过江以前闹过许多笑话，有的说长江没有边，过半个月还看不见岸；有的说长江的水面善心恶，看着好家伙没有事，一出了事就没有命了；也有的说江里有江猪，来了一群家伙就把船撞翻了……闹的许多同志害怕。这次来到江边，并且马上就过〈江〉了，大家都想好好看一下，〈长江〉到底是个什么样子，看看到底有没有江猪。这天晚上，我在灯下拿出纸和笔来要写信给你，想把许多事情告诉你，我写了一张就再也写不下去了，原因是我疲劳得很，我想伏在桌子上想想写什么，结果睡着了，所以信没写起来。

　　第二天一早起来，跑到江边，这时有十多条帆船靠岸排着，天气很阴沉，下着蒙蒙的细雨，一眼望去，白茫茫的一片水。对岸的树看起来很小，要往东西望，就望不到边的，船夫说这地方的江面是四里路宽，我们上了船，静静地在水上走着，十多条船一齐开，船头上的水打着船板，泼啦泼啦地响，在岸上看江面还不算宽，船一到江心，就看出江面是很宽了，岸上的人群远远望去，好象许多蚂蚁一样。

　　我就和水手谈起话来了，我问他第一批队伍是怎样过的，他说："廿一日下午，太阳还没有落，许多解放军就来了，船是早已预备好了的，大炮都架在船上，机关枪架在船头，岸上也架满了大炮，一阵风把船推开江岸时候，机枪大炮就打起来了，这时候耳朵只听见轰轰地响，啥也听不见了。"

"敌人在那边也打枪打炮的，"他指着船梆〔帮〕上的一个洞说，"这个窟窿就是被国民党军队打的。"

"以后呢？"我问他。

"以后敌人没等你们上岸就逃走了，你们人一上岸就追，我开船回来的时候，是带了七个俘虏回来的。"

"嘿，我一辈子也没见这样多的军队，过了四天四夜都没过完。"我告诉他："这些队伍不过是一小部分，有几百万人都在一齐过江呢！"

"嘿！"水手伸伸大拇指说，"我是和同志们第一批打过去的！"他对参加作战，觉得很光荣。

船有四十分钟的工夫就到对岸了，这时候下起雨来了，我下船时一不小心跌倒在泥里去了，大家都笑起来。

南边岸上敌人挖了许多战壕，修了许多地堡。在这战壕、地堡周围有许多大大小小的坑，那都是被炮弹炸的。田里的麦子像用镰刀割了一样，还有的烧焦了，也都是炮弹炸的。从这上面看，当时我们的炮火，打得敌人头都抬不起来的。

一过江，走了两天，就到山里来了。（过江去的地方是安徽贵池县）这时候天天下雨，没有看到过晴天，有时晴半天，马上又下起雨来了。我们都有伞，身上湿不了，但是脚天天插在水里。这地方的山，满山上生了许多树木，野草都长得很深，还有许多竹子，满山满谷的长着。天一下雨，山沟里的水就涨大，从山顶流到山下，哗啦哗啦一天到晚都是哗啦，说话都听不见。山里有很多云彩，一下雨，云就把山包起来了。天一晴，云就变成一块一块的在山尖上飘来飘去。山上开满许多野花，红红绿绿很好看，有一种花很香，一路上时时闻到一股清香。

走到贵池县的南边，老百姓因为不了解我们是什么队伍，他们听了国民党的欺骗宣传，说是共产党见了妇女就拉走，见了青年就叫当兵，所以都跑掉了。我们在路上走了五六天，就没见到一个老百姓，他们都跑到山上躲起来了。

住到一个村子，一个人不见，吃粮食找不到人，烧草也找不到人，我们只好拿老百姓的柴烧，烧了以后拿出钱放到他家。

有一天到了一家，我们都住在楼上，这楼上相当漂亮，有字画，桌子、几子摆得很整齐，看〈上〉去是个地主，家里人是一个也没有。刚解放过来的许多同志，看见他家没有人，就乱翻乱找，想找好东西，都被我批评了。第二天临走时，你四哥写了一封信贴在他家墙上，告诉他们不要害怕，解放军是不打人、不骂人、不害苦老百姓的。

这些老百姓因为不了解我们，跑到山上去逃难。天又下雨，也没有避雨的地方，又没饭吃，淋的浑身是水。一家人在树底下，又冷又饿，衣服湿了都贴在皮上，像猴子一样，光瞪着眼睛喘气。有一家五天没吃饱饭，饿死一个小孩子，老头子饿得走不动了就躺在山上。有的老百姓觉着在山上也是淋死饿死，不如下去看看。胆子大的硬着头皮回家，进家一看，队伍一个没有了，东西一点也不少，烧的草吃的米还留下钱。他们看了又惊又喜，想不到世界上还有这样好的队伍，于是回到山上把所有的人都叫回来。

我们走在路上看见许多男男女女、老老少少的一群一群的回家，有抱着孩子的，有挑着担子的，有背着包袱的。我们见了就向他们宣传，说我们是解放军，是爱护老百姓的，看见他们的小孩子饿就拿出我们带的饭给他吃。他们就不怕我们了，谈起来，他们大发牢骚，骂国民党不是好东西，不该欺骗人说共产党杀人放火，吓得他们淋了几天雨，饭都吃不上。他们说，谁再听国民党这些王八蛋的话，就不是娘养的。我们看了又是好笑，又是同情。

他们里面年轻的妇女、姑娘都穿起老太婆的衣服来，装有病，还把脸上弄得很脏，等到一看到我们再好也没有的时候，就都到河里去洗脸，有病的也都好了，都说："快回家吧！"她们背的包袱被雨打湿了，好几十斤重，背起来越走越沉，越沉越背不动，真是活受洋罪。他们也都又气又喜，气的是受了国民党的骗，吃了个大苦头，喜的是碰上了好军队，财产没损失，人也平平安安。我想，他们以后见到解放军一定不会再往山上"逃难"了吧！

五月一日，我们到了安徽南部的祁门县。这天我们爬了一个高山，这山叫大横岭，上七里路，下八里路，我们爬了一上午才爬上去。在山上一望，下面的人好像一个一个的小黑豆子一样，马就像一个个小蚂蚱。在这山顶

袁志超战斗间隙写家书，摄于1949年

上一望，只看见大山、小山，乱七八糟都是山，一山挤着一山，路都是绕在山腰上，有的就在山顶上。这天大家情绪特别高，大家鼓起勇气爬。文工团的军乐队在山顶上吹起军号，打起铜鼓，唱歌子。军号的声音又嘹亮，又清楚，他〈们〉一齐吹起《解放军进行曲》，号声传得很远，大家一听就不觉疲劳了，都加油往上爬。大家你帮我担挑子，我帮你背背包，他帮他扛枪，互相帮助，互相友爱，互相鼓励，结果大家都胜利地到达山顶。

祁门县到浙江不远的，这地方过去是红军活动的地方。我们在许多村子的墙〈上〉看到过去老红军写的标语，有写"中国工农红军万岁！"的，有写"打倒帝国主义！"的。我们看到了这标语，心里对它很亲切，想起当时我们的老大哥在这里奋斗是多么不容易啊！今天共产党的军队又回来了，把国民党军队消灭了。我想，我们今天有这样许多伟大的胜利，也都是因为有红军老大哥奋斗的结果。

五月六日，我们已经来到浙江省边了，在安徽祁门县和

浙江开化县交界的地方有一个山叫马金岭，上十五里路，下十五里路，上下就有三十里路，这一天爬了这座山。七日，驻浙江省开化县西北部马金岭的一个小村子叫下田，在这里我们打了一个漂亮仗。

……

我的身体很好，你四哥的身体也好，请对母亲、父亲说，不要挂念。

我写这信的时间不早了，现在〈已〉是鸡叫了，就此搁笔吧。今天是端午节，你们在家很热闹吧！我现在又兼作指导员的工作，所以更忙一些。

新中国就要诞生，希望你还是多学习文化，以后好多为人民服务，就是在家帮助种田，也别忘了读书。你要告诉父亲，以后用人材〔才〕很多，如果现在光知种田就会误了以后的前途。

这信你可转寄给五姐、七哥、七姐看。

祝你进步！

母亲健康

父亲健康

哥哥志超寄自江西乐平
于端阳节夜（1949年）①

---

① 原信很长，节选一部分收入本书。

袁志超的家书

背景解读

1948年9月至1949年1月底,经过辽沈、淮海、平津三大战役,国共双方的力量对比发生了根本变化。国民党军主力大部被歼灭,解放军总兵力发展到400万人。解放军解放了东北全境、华北大部、西北一部和长江中下游以北广大地区,各解放区连成一片。国民党统治中心的南京、上海等长江一线暴露在解放军面前,解放军打过长江去、解放全中国,已势不可挡。

面对解放军的强大攻势,国民党企图利用"和平谈判"达到"划江而治"的目的,以便争取时间,卷土重来。1949年1月21日,蒋介石宣布"引退",由李宗仁任代理总统。1月22日,李宗仁表示愿意以中共所提八项条件为基础进行和平谈判。4月1日,张治中率团赴北平谈判。

中共的方针是与国民党接触,不放弃和谈,同时命令解放军做好渡江作战的准备。中央军委决定由刘伯承、陈毅、邓小平、粟裕、谭震林组成渡江战役总前委,统一领导第二、第三野战军7个兵团24个军及地方部队共100万人。

4月20日,国民党政府拒绝在《国内和平协定》上签字。次日,毛泽东和朱德发布了《向全国进军的命令》。解放军第二、第三野战军遵照中央军委的命令和总前委的《京沪杭战役实施纲要》,分中、东、西3个突击集团,先后发起渡江作战。在炮兵、工兵的支持配合下,在西起湖口、东至江阴的千里战线上强渡长江,迅速突破国民党军的江防,占领贵池、铜陵、芜湖和常州、无锡、镇江等城,彻底摧毁了国民党军的长江防线。

4月23日,第三野战军一部解放了南京。接着,各路大军向南挺进,解放了杭州、南昌等城市。5月27日,第三野战军主力攻占上海。在此期间,第四野战军于5月14日南渡长江,16日解放汉口,17日解放武昌、汉阳。6月2日,第三野战军一部解放崇明岛,至此,渡江战役结束。渡江战役的胜利,为人民解放军继续南进,解放南方各省创造了有利条件。

袁志超所在的第18军作为渡江大军西集团第二野战军的总预备队,于

袁志超（左）和四弟袁志坚，摄于1954年

4月26日在安庆至枞阳镇地段渡过长江，向殷家汇、祁门、开化、衢州一线挺进，追歼逃敌。5月5日，在马金岭战斗中，歼灭国民党安徽省保三旅、保五旅共计5000余人，活捉国民党安徽省主席兼中将保安司令张义纯。之后，第18军一部西进鄱阳湖，解放湖口、都昌、九江、庐山，保障我南下大军粮道安全。

袁志超在写给八弟袁军的这封长达6000余字的家书中，用文学化的语言详细介绍了自己所在部队渡江的经过，包括渡江之前战士们对长江的想象，渡江过程中与水手的对话，渡江之后解放军严明的军纪，所见到的老百姓对国民党军的痛恨，以及战斗中解放军对待俘虏的政策等，鲜活生动，真实可感，许多细节是在其他的史书中看不到的。感谢袁志超的生花妙笔，为我们留下了如此鲜活的文字。

袁志超兄弟姐妹八人，他是老大，收信人袁军是他最小的弟弟。在和睦的家庭中，他对八弟格外疼爱，所以这封长信就是写给八弟的。在南征北战远离家乡的征途中，袁志超从不间断给弟弟妹妹们寄信，热情地关心他们的成长与进步，使弟妹们受益匪浅，他们彼此之间也建立了深厚的感情。袁志超是一个非常勤奋的人，在那么紧张艰苦的日子里，他每年除了给家里寄回大量的书信以外，还写下了很多本《南下日记》和《进藏日记》，这都是留给后人的宝贵财富。

2005年，年逾七旬的袁军把这封珍贵的《渡江来信》捐赠给了抢救民间家书项目组委会，次年6月该信被中国国家博物馆收藏。

两个儿子都参加了人民解放军，你是很光荣的

1949年6月19日　钟敬之致母亲

写信人钟敬之，生于1910年，浙江嵊州人。1934年参加革命，同年加入左联和左翼剧联。1938年加入中国共产党。曾任延安鲁艺实验剧团、鲁艺美术工厂（研究室）主任。1946年起，钟敬之转入电影岗位，先后担任延安电影制片厂、东北电影制片厂领导。新中国成立后，他曾任上海电影制片厂副厂长，北京电影学院党委书记、常务副院长，是新中国高等电影教育事业的奠基人之一。

钟敬之与母亲阔别12年后在上海会面，摄于1949年6月

亲爱的母亲：

我离开你已经十二年，你也整整受了十几年的苦难，现在总算出头了，因为共产党和人民解放军已经解放了嵊县，我也已在二十几天前回到了上海！

母亲，请你不要怪我十来年没有给你信息，因为那时候敌人和反动派不让我们通讯，我们应该咒骂那些家伙！

我到上海之后，工作实在忙，曾去打听过明弟[①]的消息，好容易才知道他早离开上海，听说已去浙东参加游击队。现在浙东全获解放，大概明弟已可回家乡一带工作，不知是否还有信给母亲？如有信时，一定把我的消息告诉他。我这次虽然没有见到明弟，但知道他已参加革命，实在比见面还来得高兴。母亲，请你也要高兴高兴吧！你有两个儿子，都参加了人民解放军，为人民打仗，为人民办事，你是很光荣的！

家里生活的苦楚，我自然是知道的，现在也不用细诉了，只要你老人家身体健康，还勉强有一口饭吃，便是天大幸事，我自己是够满足了。听说大辛[②]和母亲住在一起，是真的吗？许多年来，我不能照顾家里，自己心里想起，有时是很难过的，但也没有办法。如果你愿意的话，可以要大辛马上就到上海来找我，我一定能负责他以后的教育问题。而且我自己也很想见一见我唯一的一个孩子！

我现在在上海的生活，尚未安定下来，我想再等一些时候，和母亲是一定要见面的，那时候，或者是我回家去，或者是请母亲来上海。

---

① 明弟：钟敬之的弟弟钟敬又，"明弟"是他对弟弟小名"明郎"的昵称。
② 大辛：钟敬之的长子钟大辛。

我同样常常想念姊姊和妹妹们，应该悼念的是簾妹①，永远不能再见面了，我不禁凄然泪下！这是解放后南回时最感痛心的事！祖恩兄②和霞姊③可惜还在四川，你暂时不要写信给她〔他〕们，因为那里尚未解放，怕连累她〔他〕们，其实她〔他〕们能早点回来多好！荷妹和华妹④常和你在一起吗？这许多年来，恐怕全赖她们的帮助不少！一定要为我先向他们致意！……

附去照片三张，比较是最近的，好像见了我面一样。匆匆，以后详细再禀！

此祝

健安

儿　春⑤上

六月十九日⑥

---

① 簾妹：钟敬之的二妹钟湘簾。
② 祖恩兄：钟敬又的大姐夫钱祖恩。
③ 霞姊：钟敬又的大姐钟湘霞。
④ 荷妹和华妹：钟敬之的三妹钟湘荷和四妹钟湘华。
⑤ 春：钟敬之的小名春郎的简称。
⑥ 此信写于1949年。

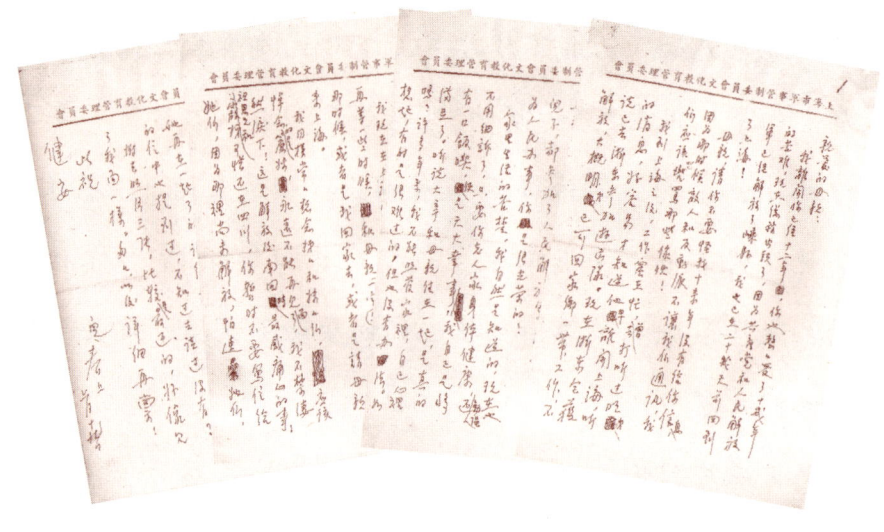

| 钟敬之的家书

背景解读

　　1949年4月20日，渡江战役打响，解放军百万大军突破长江天堑。同一日，党中央批准了华东局关于接管上海的机构及干部配备的报告。毛泽东亲自在报告上作了多处批示，特别针对文教接管，他批示："应由陈毅兼主任。夏衍、钱俊瑞、范长江、唐守愚、戴伯韬为副主任。"5月，根据中央的指示，华东局成立上海文教接管委员会（简称文管会），由陈毅任主任，韦悫、夏衍、范长江、钱俊瑞、戴伯韬为副主任。实际上，文管会是在陈毅直接领导下，由夏衍总负责。[1] 5月27日，上海解放，文管会随解放大军进驻上海，钟敬之出任军管会文艺处副处长，协助夏衍、于伶参与对国民党官僚资本电影机构的接管工作。

---

[1] 吴跃农：《上海文化战线接管记》，《档案春秋》2014年第6期。

解放上海的入城式，在军管会文艺处的车上，前排右起夏衍、钟敬之、蔡贲、于伶，摄于1949年5月

电影接管的对象主要包括以下几类。第一类是5家国民党公营电影制片机构：国民党中央电影企业股份有限公司（简称中电）总管理处、董事会；中电第一制片厂；中电第二制片厂；国民党军委会中国电影制片厂（简称中制）；国民党上海市教育局所属电影放映队。第二类是4家国民党公营驻沪电影机构：国民党行政院所属电影检查所（简称电检所）驻沪办事处、中华教育电影制片厂（简称中教）驻沪办事处、中华农业教育制片厂（简称农教）驻沪办事处、国民党西北公署所属西北影片公司驻沪办事处。第三类是3家伪公私合营制片与发行机构：上海实验电影工场（又称大众实验电影工场，简称上实）、中华电影工业器材公司（简称电工）、中国电影联合营业处（简称联营处）。此外，文艺处接收对象还包括4处国民党公营电影院。①

历时半个月，经过紧锣密鼓的工作，到1949年6月中旬，电影机构接收结束。钟敬之信中所说的"我到上海之后，工作实在忙"，反映了当时的

---

① 石川：《赎罪与新生：上海电影制片厂的创建》，《电影艺术》2010年第5期。

工作状态。经请示中宣部，军管会文艺处决定将原中电一、二厂，中制，上实等制片机构统一改组为上海电影制片厂；原国民党公营电影院隶属华东影片经理公司，另将南京接管的各制片厂的房、地、器材也拨归上海电影制片厂经营。经过5个月的筹备，军管会文艺处于1949年11月16日在天通庵路原中电一厂举行大会，宣告国营上海电影制片厂成立，于伶被任命为厂长，钟敬之为副厂长。①

　　大概就在接收工作完成的时候，离开母亲12年之久的钟敬之分别给母亲和弟弟写了一封信，告知自己的近况，表达了对母亲、弟弟、姐妹的思念与挂念。不久，钟敬之将母亲接到上海居住，年逾花甲的老人终于结束了十多年来苦难频仍、骨肉离散的悲惨生活。此后，钟敬之调至北京工作，母亲随同来京安度晚年，全家团聚。

全家福，前坐者为钟敬之的母亲，后排右一为钟敬又，右二为钟敬之，1952年冬摄于北京

　　1953年，钟敬之调任中央电影局计划室主任，参与中国电影事业发展第一个五年计划的制订。1955年北京电影学院筹建，钟敬之担任筹建领导小组召集人。北京电影学院成立后，钟敬之先后担任院党委书记、常务副院长、顾问等职务，全面主持学院的日常工作。他还曾担任全国文联委员，中国电影家协会书记处书记、常务理事、名誉理事，中国延安文艺学会顾问。1996年获"夏衍电影荣誉奖"。

---

① 石川：《赎罪与新生：上海电影制片厂的创建》，《电影艺术》2010年第5期。

福州的解放将促使我们的迅速进军

1949年8月21日、27日　王昕致哥哥和爸妈

写信人王昕，祖籍福州，1932年出生于上海。1948年在上海育才中学读书时参加进步学生运动，1949年3月加入中国共产党。1949年6月参加华东随军服务团，7月19日离开上海，经江苏、浙江、江西，进入福建。在紧张行军的间隙，王昕陆续寄回了10余封家书和1幅精心绘制的行军路线图。本书选发其中的2封家书，让我们一起回望刚解放时江西等地的景象，感受那段难忘的岁月。

王昕赴闽西参加土改时留影，1951年摄于福建龙岩

明哥①：

到达铅山②已有七八天了。最近，我们主要的任务就是写思想总结的报告，总结入团前后思想演变的情况和对今后工作所抱之态度等，作为每个人的档案，而（作）为以后分

---

① 明哥：王昕的哥哥王明。
② 铅山：县名，读音yánshān，位于江西省东北部，属于上饶市。该县于1949年5月解放。

派工作时的参考。在这里面,我主要的指出:"我犯了严重的地区观念,认为南下就是到福州,而将其他的广大地区和群众抛却不顾,经指导员的谈话后,已打通思想,坚决地抛弃地区观念,任何地方,只要革命需要,我都可以去工作。"但组织上的意见却又这样写了:"因该同志是福州人,故可至福州市担任文教工作。"真是怪事。

十八日下午,服务团的新青团①举行团日大会,节目有上团课、听报告、非团员谈话、余兴等等。在会议举行的时候,消息传来:"福州已于十七日上午十一时介〔解〕放。"于是全场欢腾,高呼各种口号及高唱《打得好》等。散会后,大家又在街上大扭其〔起〕秧歌舞,情绪高涨到极点。福州的介〔解〕放将促使我们的迅速进军,不过,据说车辆的希望又很少了,可能大家又要利用双脚了。

装杂物的大包裹已经打开,里面的东西都快霉了,尤其是我的一顶帐子已经发霉了。现在我已把帐子和绒衣等拿出来晒了,将来到了工作岗位上再洗一洗。

这里的四周围都是高山,云块堆积不散,以致十天内倒有七八天是下雨天。我们住的地方是永平镇旧县府②,里面尽是些废纸,肮脏不堪,而隔壁五中队的住所,据说是过去

---

① 新青团:中国新民主主义青年团,1949年4月成立。1957年5月,改称中国共产主义青年团。

② 永平镇旧县府:铅山自南唐保大十一年(953年)建县,至1949年6月,县治所在永平镇。1949年7月,县治所迁河口镇。

〈的〉弹药库。昨天，他们就有一个炊事员误触手榴弹（被）炸死，真是危险！现在大家都相戒，不敢到他们那里去，也再不敢到废纸堆中去乱翻了。

我们在这里又发了一次津贴费，共七百元①，还发了一双布鞋。这双布鞋是又宽又大，鞋底可抵普通布鞋二三双那么厚，真是坚固万分。

我们大概再有廿天就可以到工作岗位了，到了那里再通信吧！

敬祝

康健

弟　昕　上

8.21②

在五都③拍的相片坏了，所以不能寄来。表舅、干爹、干妈代为问好。

---

① 七百元：1948年中国人民银行发行的第一套人民币，被称为旧币。1955年3月1日开始发行第二套人民币，被称为新币。当时定的汇率是旧币1万元等于新币1元，因此旧币700元相当于新币7分钱。下同。

② 此信写于1949年。

③ 五都：镇名，今属江西省上饶市广丰区。

| 王昕的家书

爸，妈：

从铅山到建瓯①的一段行军途程中，团部把它分成三个阶段。第一段从铅山到福建的崇安②，路程是一百五十余里，分四天走完，到崇安后再休息二三天；第二段是从崇安到建阳③；第三段是从建阳到建瓯，两段的路程都是一百廿余里左右，都是分三天走完。到建阳后也是休息二三天，而到了建瓯后可能要待上七八天。

---

① 建瓯：旧县名，1949年5月13日解放，解放初期为福建省第一行政督察专员公署所在地，今为建瓯市。
② 崇安：旧县名，1949年5月9日解放，今福建省武夷山市人民政府驻地。
③ 建阳：旧县名，解放初期属福建省第一行政督察专员公署（治所建瓯）管辖，今为南平市建阳区。

廿四日清晨四时半，我们离开了铅山，开始了第一段的行军，走了四十里不算崎岖的路程，在近午的时候到达了紫溪镇（仍属铅山县），住了一夜。次晨五时出发，这天的路程可算最少了，只有廿五里（不过要翻过一座高山——紫溪岭），九时就到达了一个小村子：祝公桥。第三天又是五时出发，翻过了勒马岭后，大家开始爬上海拔二千五百公尺①的分水岭，八时卅六分到达山顶的闽赣交界处：分水关。从此，我们便开始踏进了福建境内。十二时到达离祝公桥四十余里的大安乡（属崇安县）。第四天——昨天的路程真可算空前又绝后了，一共是五十余里，从清晨四时出发，直到十二时才到达崇安县。现在我们就在这里休息，至于什么时候走，还没有知道。

在这四天中，我们所经过的地方都是老苏区，群众条件十分好，向他们借些东西都是十分愿意而无怨言的。

这儿一带的物价都比上海低廉，铅山的米只有一万多元一担，在上海不常用的十元、廿元票到这里竟也可以派一些小用场。

至于崇安，则比较贵些，因为自从民国廿年在右红军退走以后，这里便遭受了国民党特务的破坏，把城南一带的房屋全烧光了。自此，过去很繁荣的崇安便一蹶不振，人民的

---

① 此说有误。当时显然是把老乡所说的上分水岭要爬五里山坡当成分水岭的海拔了。

生活程度一年比一年地坏了。直到今年四月初才再度介〔解〕放，但是经济仍没稳定，市上还流通着铜元〔圆〕（二十元三枚），商店营业清淡。就拿我们住所下面的一片南货铺来说吧，每天只能做上一百元钱的生意，那怎能了得？崇安县内虽有电灯，但是早就没通电了。还有，这里一带虽然是福建地境，但是语言还是不通，只是在崇安县内有许多福州人住着。

好了，到建阳或是建瓯再写吧。

敬祝

康健

儿 昕 叩

8.27[1]

上海的学校都快开学了，明哥和阿弟[2]的学费问题介〔解〕决了没有？

---

[1] 此信写于1949年。
[2] 阿弟：王昕的弟弟王昀。

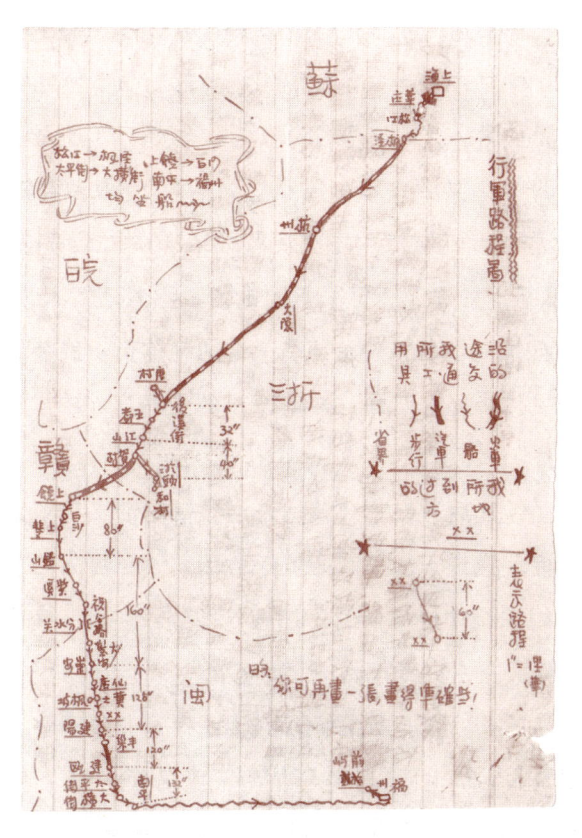

福州的解放将促使我们的迅速进军

王昕在8月21日家书背面绘制的《行军路程图》

背景解读

解放战争后期，全国胜利在即，需要大批干部接管新区。

1949年3月5日至13日，中国共产党在西柏坡召开了党的七届二中全会。毛泽东在会上作了工作报告，提出了迅速夺取革命在全国的胜利以及由新民主主义革命转变到社会主义革命的任务、方针和政策。党的七届二中全会也为广大进步青年指明了前进的方向，在新解放城市，进步青年响应党的号召，纷纷报名参加解放军或随军的各种服务团。

1949年5月27日，上海解放。根据形势发展，中共中央决定提前解放福建，命令叶飞、韦国清率第三野战军第10兵团迅速南下。为了接管福建全省各级政权，中共中央任命华东局组织部部长张鼎丞任中共福建省委书记兼省人民政府主席。

1949年6月，中共中央华东局从上海招收2000多名知识青年（其中有1000多名大学生）组成"中国人民解放军华东随军服务团"（简称南下服务团），随军南下福建。南下服务团由张鼎丞兼任团长，下编4个大队、22个中队。除配发武器装备外，还有一个加强连负责武装保卫。团部成立临时党委，各中队成立党支部。时年17岁的上海育才中学学生王昕，就是该团的一名成员。

南下服务团组建后，在上海就地开展教育培训，组织大家学习政治和军事等知识，使大家进一步了解形势任务和政策，提高思想觉悟，培养艰苦奋斗作风与组织纪律性。同时，加强党团组织生活，南下服务团有705人在上海加入新民主主义青年团。

1949年7月2日，第三野战军第10兵团在司令员叶飞、政委韦国清的率领下向福建进军。7月19日凌晨，南下服务团离开上海，经江苏、浙江，进入江西。8月11日，第10兵团发起福州战役，三路大军从东、西、北逼近市区，对福州形成了包围之势。8月16日，我军对福州发起总攻，国民党守军有的逃跑，有的投降。8月17日，福州解放。8月23日，战役结束，共歼灭敌人4万余人。

王昕在8月21日信中说，"福州已于十七日上午十一时介〔解〕放"。福州战役进行时，王昕他们还在江西行军途中，尚未进入福建。当8月17日福州解放的消息传来时，他们就加快了向福建进军的速度。这一路，他们历经艰辛，越高山，跨激流，历时2个月，行程2000余里，于9月19日胜利抵达福州。

在行军过程中，他们一面执行战勤任务，坚持学习革命理论和党的方针政策；一面宣传教育群众，使新区人民了解党的政策。大家的思想觉悟和工作能力都有了显著提高。随后，他们由中共福建省委分配到全省各地工作，成为解放和建设福建的重要力量。王昕随团南下福建后长期从事文教工作，离休前任福建省教育委员会副主任。

为共产主义革命事业奋斗到底

1949年8月27日　江竹筠致谭竹安

写信人江竹筠，即江姐，曾用名江志炜、江雪琴，1920年出生于四川省自贡市大安区大山铺镇江家湾。1939年考入重庆中国公学附中，同年秘密加入中国共产党。1944年秋，江竹筠又考入原国立四川大学农学院植物病虫害系，次年转入农艺系。1945年，江竹筠与中共地下党员彭咏梧结婚，负责中共重庆市委地下刊物《挺进报》的组织发行工作。1948年6月14日，江竹筠在万县（今重庆市万州区）被捕，被关押于重庆国民党军统渣滓洞监狱，受尽酷刑，坚贞不屈。11月14日，英勇就义。收信人谭竹安是江竹筠的丈夫彭咏梧的发妻谭正伦的弟弟，是中共地下党外围组织"六一社"骨干成员。

江竹筠

竹安弟：

　　友人告知我你的近况，我感到非常难受。幺姐①及两个

---

①　幺姐：江竹筠丈夫彭咏梧的发妻谭正伦。

孩子给你的负担的确是太重了，尤其是现在的物价情况下，以你仅有的收入，不知把你拖成甚么个样子。除了伤心而外，就只有恨了。……我想你决不会抱怨孩子的爸爸①和我吧？苦难的日子快完了，除了这希望的日子快点到来而外，我想甚么都不能兑现。安弟，的确太辛苦你了。

我有必胜和必活的信心，自入狱日起（去年六月被捕）我就下了两年坐牢的决心。现在时局变化的情况，年底有出牢的可能。蒋王八的来渝，固然不是一件好事。但是不管他若何顽固，现在战事已近川边，这是事实，重庆在〔再〕强也不能和平、京、穗相比，因此大方的给它三四月的命运就会完蛋的。因此，我们在牢里也不白坐，我们一直是不断的在学习，希望我俩见面时你更有惊人的进步，这点我们当然及不上外面的朋友。

话又得说回来，我们到底还是虎口里的人，生死未定。万一他作破坏到底的孤注一掷，一个炸弹两三百人的看守所就完了。这可能我们估计的确很少，但是并不等于没有。假若不幸的话，云儿就送你了，盼教以踏着父母之足迹，以建设新中国为志，为共产主义革命事业奋斗到底。

孩子们决不要骄〔娇〕养，粗服淡饭足矣。么姐是否仍在重庆？若在，云儿可以不必送托儿所，可节省一笔费用，

---

① 孩子的爸爸：江竹筠的爱人彭咏梧。

你以为如何？就这样吧，愿我们早日见面。握别。愿你们都健康！

竹姐
八月廿七日①

来友是我很好的朋友，不用怕，盼能坦白相谈。

江竹筠遗书

---

① 此信写于1949年。

背景解读

江竹筠与丈夫彭咏梧、儿子彭云的合影

江竹筠的丈夫彭咏梧，生于1915年，四川云阳人，1938年加入中国共产党，曾任中共云阳县委书记、重庆市委委员，负责组织宣传工作，领导重庆学运和创办《挺进报》。1947年11月，川东民主联军在云阳、巫溪发动起义，彭咏梧任联军纵队政委。1948年1月16日，彭咏梧在奉节鞍子山突围时不幸牺牲。

1948年春节（2月10日）前夕，江竹筠回重庆向川东党组织汇报川东起义及彭咏梧牺牲的情况，十余天后即返万县，被分配到中共万县县委工作。但她一直未找到社会职业，后经人介绍，在万县地方法院会计室任职员。

丈夫的牺牲，对江竹筠的打击很大。她不仅失去了亲密的伴侣，而且失去了一位志同道合的战友。1948年3月19日，她在写给谭竹安的信中说，这"惨痛的袭击"，"叫人窒息得透不过气来"。江竹筠认为，丈夫为革命而死，死得其所，将永远活在她的心里。她强忍悲痛，毅然接替丈夫的工作。

1948年6月14日，由于叛徒出卖，江竹筠在万县被捕。她被押往重庆，关押在国民党军统渣滓洞监狱，受尽酷刑，仍坚贞不屈。"我有必胜和必活的信心"，江竹筠希望能用坚强的意志战胜敌人的摧残，盼望有一天能够出狱，为革命继续工作，"因此，我们在牢里也不白坐，我们一直是不断的在学习"。1949年10月1日，中华人民共和国宣告成立。消息传到狱中，极大地激发了江竹筠等难友对革命胜利的信心和斗争热情，他们相互鼓励，锻炼身体，迎接解放。可是敌人却加紧了对革命者屠杀的步伐。11月14日，江竹筠等被秘密枪杀。16天后，重庆解放。江竹筠和战友们倒在了黎明前最后的黑暗里……

上面这封信写于1949年8月27日。当时狱中没有笔，没有墨，江竹筠用竹签子蘸着棉花灰兑水调成的"墨汁"，将信写在极薄的一张巴掌大的毛边纸上，由同室难友曾紫霞出狱时带出，交给了谭竹安。

江竹筠在信中对革命即将取得胜利充满了信心，甚至期待着能够走出敌人的牢笼，参加新中国的建设，但同时也做好了牺牲的准备，因为穷凶极恶的敌人是什么都可能做出来的。她最放心不下的是只有三岁的儿子，她希望儿子能够顺利长大成人，继承父母的遗志，为共产主义事业继续奋斗。

新中国成立后，重庆"中美特种技术合作所"集中营的幸存者罗广斌、杨益言根据他们的亲身经历创作了《圣洁的鲜花》《江姐》《小萝卜头》与革命回忆录《在烈火中永生》等。随后，他们在回忆录的基础上又创作了长篇小说《红岩》。1961年12月，《红岩》出版发行，引起轰动。1965年小说被改编成电影《烈火中永生》。小说和影片中根据江竹筠的英雄事迹改编的江姐故事，令人印象深刻。江姐面对敌人的酷刑毫不畏惧，严守党的秘密，对党的信仰坚如磐石，感动了一代又一代人。

2009年9月14日，江竹筠被评为"100位为新中国成立作出突出贡献的英雄模范人物"之一。

许多地方都表现着一种翻天覆地的气象

1949年9月　江隆基与妻子宋超互通家书

江隆基，字盘安，1905年生于陕西省西乡县白杨沟村，我国杰出的教育家。1925年考入北京大学，1927年加入中国共产党。早年留学日本、德国，并在北京、上海等地参加革命活动，两次被捕。从1937年起，历任陕西西安市第二中学校长，陕北公学副教务长、教务长，华北联合大学教务长，延安大学副校长，陕甘宁边区教育厅副厅长等职。新中国成立后，任西北军政委员会教育部部长，北京大学党委书记、副校长，兰州大学党委书记兼校长。宋超，1916年生于河北省安国县伍仁桥村（今河北省安国市伍仁桥镇）。1939年参加革命，1940年进入华北联合大学学习，1942年加入中国共产党。1943年10月在延安与江隆基结婚。她长期从事基础教育工作，去世前为中国教育科学研究院离休干部。

超：

来此已半个月了，会议尚未正式开始，现只作些会前的准备工作，如看文件开讨论会等。大约二十前后才可正式开会，月底即可结束。会后是否回原地尚未决定，曾有人非正式地表示要留我在此工作，但组织上并未和我谈过，我亦未提出意见，因见大家都在紧张的工作着，不好意思提出个人的要求来。

半月来，除参加会议的准备工作及处理必要的公务外，曾游过一趟颐和园，参观过一次苏联建设图片展览会，一次华大校庆展览会，看过一次电影（《百万雄师下江南》），一次话剧（华大文工团表演该校改造思想的情况），均有不少裨益。明后天，高等教育委员会邀请去参观故宫博物院和历史博物馆，我也想去看看。

作为人民首都的北平和当年的情况是有些不同，主要的是各阶层的人民表现得较前活跃愉快，洋鬼子们很少在街上露面，偶而〔尔〕遇见一两个也多是灰溜溜的，决不似过去那样的趾高气扬了。东交民巷和西长安街一带过去为洋鬼子所占有，只容许高等华人出入的高楼大厦，现在什么人也可走来走去了。咱们陕北的老粗刘玉厚①、王德彪②们就住在北京饭店和六国饭店的楼上，上下乘的是电梯，拉屎撒尿是抽水马桶，出进坐的是汽车，每人的卧室里还带着一个洗澡间，这简直是解放以前他们连做梦也无从想像〔象〕的。总

---

① 刘玉厚：陕西省绥德县郝家桥村人。1949年中华人民共和国成立时，两次被授予陕甘宁边区"特等劳动模范"称号的刘玉厚作为主席团89位成员之一，参加了第一届全国政治协商会议。
② 王德彪：陕西省绥德县吉镇王家坪人。1943年出席陕甘宁边区劳动英雄大会，获得"特等劳动英雄"称号。1949年9月，王德彪出席了第一届全国政治协商会议。

之，现在的北平是人民的北平了，许多地方都表现着一种翻天覆地的气象。从市客〔容〕上来看，树木比以前多了，街道也比以前整洁了，人力车几乎全变成三轮车了，风沙也比以前少得多了，一切都显得比以前更加可爱，更加美丽。

我所住的地方是以前洋大人学习中国文的一所学校，三座洋楼成品字形的排列着，周围花木繁茂，颇为幽雅，距市中心又较远，绝少杂沓嚣攘〔嚷〕之气，颇有别墅的风味。我利用一切的可能休养身心，准备以更大的精神应付未来的工作。

在这里，遇到好几位过去的老同学，有的变成了民主党派的要人，有的则以学者的身份出现……联大的老同事只见到成校长[1]，还是当年的那个样子，不过苍老了一些。何干之[2]仍在华大，但未遇到。陈唯实[3]听说已到广东去了。联大的老教员仍在华大工作的只有何戊双[4]等极个别的几个了。

我替厅里买了一批书，其中有可供你参考的，你可借阅。大约九月底即可运到，还需要什么书，可来信，再酌量买些。

保育院何时搬家？小蛮子[5]能否于秋天来西安？我如果

---

[1] 成校长：成仿吾，曾任陕北公学校长、华北联合大学校长、华北大学副校长、中国人民大学副校长、校长、党委书记等职。

[2] 何干之：曾任陕北公学教员，华北联合大学社会科学部副部长、政治学院院长，延安大学社会科学院院长，华北大学社科部主任，中国人民大学研究部副主任、历史系主任等职。

[3] 陈唯实：曾任陕北公学教员，北方大学教务处处长、工学院院长，华北大学二部和一部副主任，南方大学第一副校长兼兼教育处处长等职。

[4] 何戊双：先后担任华北联合大学和华北大学政治教员、班主任、政治系副主任、教务科长、区队长，中国人民大学外交系系主任、外交部国际研究所副所长等职。

[5] 小蛮子：江隆基和宋超的长女江亦曼，乳名蛮蛮。

再回西安，一定给她买一两件好玩的东西。

祝你工作顺利！

隆基
九.十三.①

| 江隆基的家书

隆：

盼望了很久的信，今天总算收到了！近十天以来，我常常跑到周善文那里去，每次都希望能够从他那里得到您的信，但当着无精打采地转回女中的时候，才觉得自己是太性急了。因为按日期计算，您即使一到北平就写信，邮寄也不

---

① 此信写于1949年。

会太快，何况半个多月以来就缠绵不断的下着雨呢！隆，其实您平安抵平的消息，我是早已知道了的，因为他们告诉我说您已拍来电报要课本费。但是虽然是知道了，可是希望和等待却像具有吸力的磁石一样，在情感里生了根啊！

我搬到女中，已将近一月。学校各种工作虽已大体就绪，但尚存在一些零乱现象，有些地方还是处于被动情况。我每周代十二时课兼作〔做〕班主任，工作还不怎样忙，每天还可以抽出时间来自修。隆，过去我的学习习惯是不太好的，您有时批评我，我还和您胡辩，在一接触实际问题的时候，才真正感到了是太贫乏了啊！我立意在无害工作的原则下，有计划的进行自修。隆，您一定会赞许的吧？

半个多月的淫雨给西安带来了不少灾害，到处房倒屋塌，政府虽一再号召要向雨灾作斗争，由于老没有放晴，据调查因压死已达二十余人，伤数十人。现在全西安市已普遍展开救灾运动。这些情况想您在报纸上也看到了。

据说，保育院就要搬来了。在您去北平后，有时特别容易想起小蛮蛮来。前几天曾经因为梦里交涉去北平，醒来还有点呕〔怄〕气。昨天又梦见您，同时也梦见了蛮蛮。隆，这种自然情感，有什么法子使我不分心在三下里哪？好在分别的日子不会太长。

这几天我们很兴奋的读着报纸，从毛主席的开幕词、各种报告到贺电，有时也以高度的心情景慕着北平，向往和恋念着这历史上的古都，这不仅是因为您现在北平，同时也更因为那里有毛主席和党中央！隆，这几天我希望能再收到您的信，您告诉我北平的情况和您的情况的信！

雨后天气骤凉，希望您注意衣着，如冷的话可设法买一件毛线裤穿。还要准备明天的功课，再谈。愿这封信能早达到您那里。致
爱的敬礼！

超
九月二十五日晚九时半①

| 宋超的家书

---

① 此信写于1949年。

背景解读

这是江隆基赴京出席一届政协会议期间与妻子宋超互通的两封家书，讲述了各自的工作情况、思想状况，以及相互的关心和思念。特别是他们在信中记录的所见所闻所感，反映了两位革命者对于新生的共和国的热切期盼和无限向往。

1949年8月24日，江隆基在西安火车站与妻子告别，出发赴京。经潼关、运城、临汾、灵石、霍县（今山西省霍州市）、榆次、太原、石家庄、德州、天津，一路上火车、汽车交替，辗转换车，到30日下午六时半才到达北平。江隆基自从1936年离开北平，13年后又回来了，而且这次是以胜利者的身份……内心难掩兴奋之情。

江隆基到北平后，参加了会议的会务准备工作。9月13日，江隆基在写给妻子的信中着重介绍了他感受到的北平解放初期的印象，比如"各阶层的人民表现得较前活跃愉快""许多地方都表现着一种翻天覆地的气象""一切都显得比以前更加可爱，更加美丽"等。

作为一个经历长期艰苦战争洗礼的革命者，来到党中央所在地和即将成为新中国首都的北平，革命成功后的喜悦和自豪之情溢于言表。信中提及的成仿吾校长、何干之、陈唯实、何戊双均为江隆基在华北联大工作时的老同事。信中提及"小蛮子能否于秋天来西安"，背景是为迎接全国解放，江隆基和宋超奉命于1949年4月从延安去西安，作解放大西北、接收西安的准备工作；5月西安解放，江隆基出任西安军管会教育处处长，由于工作需要，他们只好把刚满三岁的女儿蛮蛮留在延安，寄托在边区保育院。二人的信中都提到蛮蛮，寄托了他们对女儿的思念和对温馨家庭生活的眷恋。

1949年9月21日至30日，中国人民政治协商会议第一届全体会议在北京隆重召开。中国共产党及各民主党派、人民团体和无党派民主人士等方面的代表（含候补代表）共662人参加了会议。江隆基是全国教育工作者委员会候补代表。全国教育工作者委员会代表共17人，正式代表15人：

成仿吾、叶圣陶、钱俊瑞、林砺儒、张如心、晁哲甫、陈鹤琴、俞庆棠、竺可桢、江恒源、汤用彤、叶企孙、杨石先、戴百韬、柳湜，候补代表2人：江隆基、葛志成。①

这次会议代行全国人民代表大会的职权，通过了具有临时宪法性质的《中国人民政治协商会议共同纲领》；制定了《中国人民政治协商会议组织法》《中华人民共和国中央人民政府组织法》；决定了新中国的名称为中华人民共和国，国都定于北平（1949年9月27日改名为北京），中华人民共和国的纪年采用公元，以《义勇军进行曲》为国歌，五星红旗为国旗。会议选出毛泽东为中央人民政府主席，朱德、刘少奇、宋庆龄、李济深、张澜、高岗等为副主席，同时选举出了中央人民政府委员56人。会议还选出了由180人组成的政协第一届全国委员会。

在京参加全国政协第一届全体会议期间，江隆基遇到了好几位过去的老同学，有的成了著名学者，有的是民主党派的领导者，他们都以自豪喜悦的心情，谈论着这样那样的感受。长期困扰江隆基的肺病（肺结核），在革命战争年代也无暇顾及。这次来京开会，他抽时间到医院作了检查。医生叮嘱他，虽然已无大碍，但还是要多注意休息，多注意保养。10月1日，江隆基参加了开国大典。

会议期间，江隆基专门为《新华周报》撰写了一篇关于教育政策的文章，题目是《新民主主义教育的发展及其特质》。文章以马克思主义的基本观点提出了文化教育与经济政治的关系，简略回顾了我国近百年来新教育的发展，指出真正新的文化教育是从1919年的五四运动开始的，认为新民主主义教育是"在艰巨斗争中得到成长和发育的"，积累了许多宝贵的经验。结合《中国人民政治协商会议共同纲领》的有关内容，文章论述了新民主主义的教育是民族的、科学的和大众的等特点。②此文对于新中国的广大教育工作者来说，具有重要的参考价值。

---

① 苗高生、韦明、邱锋：《江隆基传（增订本）》，兰州大学出版社，2015年版，第215页。
② 苗高生、韦明、邱锋：《江隆基传（增订本）》，兰州大学出版社，2015年版，第216—219页。

家书里的新中国

我们以后要在大西南见面了

1949年10月　成冲霄致妻子刘时芬

写信人成冲霄，1917年生于河北省永年县（今河北省邯郸市永年区），1938年5月参军，同年8月加入中国共产党。参加抗日战争、解放战争、抗美援朝等，屡立战功。新中国成立后曾任第十二野战军政委、军长，南京军区后勤部部长，南京军区党委常委等职。收信人刘时芬，1926年生于河北省永年县。1945年参军，1950年入党。1952年赴朝参战，1954年转业到地方工作。离休后在南京军区某干休所安度晚年。

成冲霄，摄于1955年

时芬同志：

过江以后接连收到你共给我写了四封信，我给你去了三封信，看数目实在没你的多，对不起请多加原谅。但是你来信说我们到南京开会，别人来信，我为什么没给你去信。江南风景如何好，怎样怎［怎］样，如何如何，我们的感情如何，你所说，你的这些话，实在让我难以了解与接受。我从浙江永康到苏南行军，是经过廿天行军，到达溧水目的地后又病了十数天，因我要在家里〈照〉顾家族工作，未能去到南京开会，所以到达苏南后未有及时能给你去信的原因，请了解，别误会。

时芬，我的一切因时〈间〉关系，我不详细谈了，老梁到你们那里了，可问他告诉你。

我们这次路过南京，本来想照个像〔相〕片给你捎去，因来不及照像〔相〕，又未如愿，待以后有机会再说吧！

我们渡江以后，由于胜利形势发展的迅速，二年任务一年完成，所以为了让中国全部胜利的日子早来，现在又要进行大进军。这次是各路野战军都相负责不同的伟大而光荣的进军任务。我们现正向大西南（四川）大进军。我们由浦口上车到孝感下车，坐三天三夜，路过徐州、郑州、开封，距你们很近，但就是因为任务迫切，不能见面。但时芬同志，我们这次暂时不能见面，但永远的见面就在后面，我们以后要在大西南见面了。希望你多注意身体，对拂晓①多加爱护。你们有什么困难，你可来信告我，但我们现在对你们亦〈无〉办法来多照顾，只能在信上。以后多注意给你写信，

---

① 拂晓：指成冲霄的女儿成拂晓。

但你亦不要因信少，而发生疑问，致增加苦闷。

　　此致
敬礼，并祝身体健康！

　　　　　　　　　　　　　　　冲霄　即[①]

　　时芬，这封信是在乘车上给你写的，有很多事情来不及写了，总之请你放心，好好学习工作。

　　你来信可由邮政寄〈给〉我们，到宜昌时，还能休息一个时期。

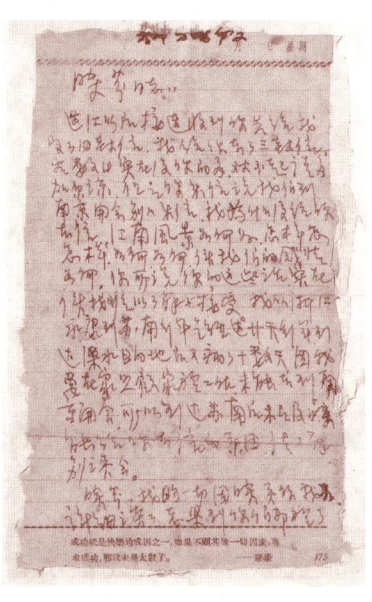

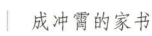

|　成冲霄的家书

① 此信写于1949年。

背景解读

这是1949年10月成冲霄写给妻子刘时芬的一封战地家书，写在随身携带的笔记本上，撕下来后寄出的。

成冲霄所在的第12军是刘邓大军的一支劲旅，它的前身是晋冀鲁豫野战军第六纵队，1948年5月改番号为中原野战军第六纵队。在解放战争中它作为第二野战军的主力，首战上党，三出陇海，横跨黄河，转战鲁西南，千里跃进大别山，逐鹿中原，打了不少硬仗、恶仗。

1949年6月，成冲霄任第二野战军第3兵团12军34师101团参谋长，他所在的部队接到了进军西南的命令，于6月底奉命北移，7月11日到达南京附近的溧水，在此整训待命，为进军西南作战前准备。7月26日，第二野战军第3兵团在南京召开了团以上干部会议，传达中央军委关于向大西南进军的任务。刘伯承司令员亲临会场，作进军大西南的动员报告。

8月中旬，第12军奉命隐蔽地向鄂西集结，全军从南京浦口乘火车，经津浦、陇海、平汉铁路，历时三天三夜到达湖北孝感。下车后又徒步行军20多天，于9月中旬到达湖北沙市、宜都、枝江等地。9月下旬，第12军在沙市召开了第一次党代表会议，进一步明确了形势，统一了思想，为即将进军大西南奠定了良好的基础。

10月24日，第12军奉命自鄂西出发，向湘川黔进军，在行军途中的车上，成冲霄匆匆给妻子刘时芬写了上面这封信。

1950年12月，成冲霄夫妇与女儿重庆分别前留影

11月27日，第12军和友邻部队一起歼灭了国民党宋希濂集团主力和罗广文兵团的一部共3万余人，解放了川东广大地区。第12军和友邻部队乘胜出击，和第11军、第47军，分三路包围重庆，于11月30日解放了西南重镇重庆。据说，当第12军先头部队进入重庆时，蒋介石父子刚刚乘"中美"号专机离开重庆，而尾随他们的两架敌机正在发动，被我军战士用机枪击掉了引擎，未能起飞，只得乖乖地投降。此役，第12军连续行军作战40余天，行程3800多里，消灭敌人14000余人，胜利完成了上级赋予的任务。

　　重庆解放以后，成冲霄所在的第101团和其他师的两个团奉命担负重庆警备任务，其余的部队立即西进，参加成都战役，会同友邻部队，围剿胡宗南集团。

　　1950年3月，刘时芬带着女儿随中国人民解放军第二野战军军事政治大学第三分校辗转20余天，经武汉乘船来到解放后的重庆，一家三口经过多年战争的离别，终于团聚了。

我们共产党不讲这种"人情"

1949年10月24日　毛岸英致表舅向三立

写信人毛岸英，本名远仁，字岸英，初名永福，1922年出生于湖南长沙，抗美援朝战争烈士，毛泽东与杨开慧的长子。曾参加苏联卫国战争，在解放区搞过土地改革，做过宣传工作，当过秘书，新中国成立初期曾任北京机器总厂党支部副书记。1950年11月25日在抗美援朝战争中牺牲，年仅28岁。收信人向三立，1917年生于湖南平江，是杨开慧舅舅向理卿的儿子，即杨开慧的表弟。

毛岸英

三立同志：

　　来信收到。你们已参加革命工作，非常高兴。你们离开三福旅馆的前一日我曾打电话与你们，都不在家，次日再打电话时，旅馆职员说你们已经搬走了。后接到林亭①同志一信，没有提到你们的"下落"。本想复他并询问你们在何处，

---

① 林亭：新华社记者，与毛岸英、向三立相熟。

却把他的地址连同信一齐丢了（误烧了）。你们若知道他的详细地址望告〈知〉。

来信中提到舅父①"希望在长沙有厅长方面位置"一事，我非常替他惭愧。新的时代，这种一步登高的"做官"思想已是极端落后的了，而尤以为通过我父亲即能"上任"，更是要不得的想法。新中国之所以不同于旧中国，共产党之所以不同于国民党，毛泽东之所以不同于蒋介石，毛泽东的子女妻舅之所以不同于蒋介石的子女妻舅，除了其他更基本的原因以外，正在于此：皇亲贵戚仗势发财，少数人统治多数人的时代已经一去不返了。靠自己的劳动和才能吃饭的时代已经来临了。在这一点上，中国人民已经获得根本的胜利。而对于这一层，舅父恐怕还没有觉悟。望他慢慢觉悟，否则很难在新的中国工作下去。翻身是广大群众的翻身，而不是几个特殊人物的翻身。生活问题要整个解决，而不可个别解决。大众的利益应该首先顾及，放在第一位。个人主义是不成的。我准备写信将这些情形坦白告诉舅父他们。

反动派常骂共产党没有人情，不讲人情，如果他们所指的是这种帮助亲戚朋友、同乡同事做官发财的人情的话，那么我们共产党正是没有这种"人情"，不讲这种"人情"。共产党有的是另一种人情，那便是对人民的无限热爱，对劳苦

---

① 舅父：杨开智，杨开慧的哥哥。

大众的无限热爱，其中也包括自己的父母子女亲戚在内。当然对于自己的近亲，对于自己的父、母、子、女、妻、舅、兄、弟、姨、叔是有一层特别感情的，一种与血统、家族有关的人的深厚感情的。这种特别感情共产党不仅不否认，而且加以巩固并努力于倡导它走向正确的与人民利益相符合的有利于人民的途径。但如果这种特别感情超出了私人范围并与人民利益相抵触时，共产党是坚决站在后者方面的，即"大义灭亲"亦在所不惜。

我爱我的外祖母①，我对她有深厚的描写不出的感情，但她也许现在在骂我"不孝"，骂我不照顾杨家，不照顾向家；我得忍受这种骂，我决不能也决不愿违背原则做事。我本人是一部伟大机器的一个极普通平凡的小螺丝钉，同时也没有"权力"，没有"本钱"，更没有"志向"来做这些扶助亲戚高升的事。至于父亲，他是这种做法最坚决的反对者，因为这种做法是与共产主义思想、毛泽东思想水火不相容的，是与人民大众的利益水火不相容的，是极不公平、极不合理的。

无产阶级的集体主义——群众观点与资产阶级的个人主义——个人观点之间的矛盾，正是我们与舅父他们意见分歧的本质所在。这两种思想即在我们脑子里也还在尖锐斗争

---

① 外祖母：向振熙，杨开慧的母亲。

着，只不过前者占了优势罢了。而在舅父的脑子里，在许多其他类似舅父的人的脑子里，则还是后者占着绝对优势，或者全部占据，虽然他本人的本质可能不一定是坏的。

关于抚恤烈士家属问题，据悉你的信已收到了。事情已转组织部办理，但你要有精神准备：一下子很快是办不了的。干部少事情多，湖南又才解放，恐怕会拖一下。请你记住我父亲某次对亲戚说的话："生活问题要整个解决，不可个别解决。"这里所指的生活问题，主要是指经济（生活）困难问题；而所谓整个解决，主要是指工业革命、土地改革、统一的烈士家属抚恤办法等。意思是说，应与广大的贫苦大众一样地来统一解决生活困难问题，在一定时候应与千百万贫苦大众一样地来容忍一个时期，等待一个时期，不要指望一下子把生活搞好，比别人好。当然，饿死是不至于的。

你父亲写来的要求抚恤的信也收到了。因为此事经你信已处理，故不另复。请转告你父亲一下并代我问候他。

你现在可能已开始工作了罢，望从头干起，从小干起，不要一下子就想负个什么责任，先要向别人学习，不讨厌做小事、做技术性的事。我过去不懂这个道理曾碰过许多钉子，现在稍许懂事了——即是说不仅懂得应该为人民好好服务，而且开始稍许懂得应该怎样好好为人民服务，应该以怎样的态度为人民服务了。

为人民服务说起来很好听，很容易，做起来却实在不容易。特别对于我们这批有小资产阶级个人英雄主义的没有受过斗争考验的知识分子是这样的。

信口开河，信已写得这么长，不再写了。有不周之处望谅。

祝你健康！

岸英　上
10月24日①

| 毛岸英的家书

---

① 此信写于1949年。

背景解读

　　这是新中国成立初期毛岸英写给表舅向三立的一封信。毛岸英在信中高度概括了新中国与旧中国的不同、共产党与国民党的不同、毛泽东与蒋介石的不同，认为现在已经进入了一个新时代，已经不是"少数人统治多数人的时代"了，而是一个"靠自己的劳动和才能吃饭的时代"。在这个时代，不是要解决少数人的生活，而是要解决广大群众的生活，包括烈士的抚恤问题，都要全国一起解决。他严厉批评了舅舅杨开智伸手要官的旧思想，认为这是"资产阶级的个人主义"，是要不得的。然而，共产党又是讲人情的，那就是"对人民的无限热爱，对劳苦大众的无限热爱"。在个人利益与群众利益相冲突时，共产党是坚决站在群众这一边的。这封信既讲原则，又讲亲情，可以看出写信人的政治觉悟之高，远超常人。

　　毛岸英兄弟的童年是在外祖母家里度过的，他们与向家亲戚接触很多，感情深厚，包括向三立。向三立虽然只比毛岸英大5岁，但他是长辈，所以毛岸英非常尊敬他、关心他，还不时送去一些新出版的报刊书籍供他学习，帮助他提高思想觉悟。

　　向三立在与毛岸英的接触中，看到他对自己的要求很严，从不搞特殊，内心十分钦佩。更令向三立钦佩不已的是，毛岸英像他父亲那样，在

位于朝鲜桧仓中国人民志愿军烈士陵园的毛岸英墓

处理亲友关系上严格按照"三不"原则办事，即恋亲不为亲徇私、念旧不为旧谋私、济亲不为亲撑腰。

1950年10月，抗美援朝战争爆发，毛岸英报名参加了志愿军，临出发的前一天，他跟向三立辞行。临别时，毛岸英对向三立说："我要出远门了，暂时不会回来。你的学习和进步，我也知道，应该继续努力，克服困难，向组织靠拢，争取早日成为一名优秀的共产党员。"没想到，仅仅一个月之后，毛岸英就牺牲在朝鲜前线。当新华社记者林亭把这个不幸的消息告诉向三立后，向三立悲痛欲绝，深感惋惜，心绪难平。

几十年来，向三立一直牢记毛岸英要他"向组织靠拢"的嘱咐，始终不渝地追求进步，曾多次向党组织提出入党的要求。1991年七一前夕，向三立终于加入了中国共产党，实现了自己的夙愿。当时他在给友人的信中写道："今天是我难忘的一天，生平最愉快的一天。"他在家中赋诗一首，以表达对毛岸英的无限怀念之情：

    童年情谊最难忘，板仓一别叶正黄。
    四十年前奔异域，忠骸侠骨葬他乡。
    每读遗书添惆怅，情真义重何感伤。
    振兴中华不畏险，改革开放正翱翔。

要长久保持内心的火热

1950年1月6日　王振乾致弟弟振坤、振林

写信人王振乾，又名王维平，1914年生于辽宁省沈阳市。1932年加入中国共产主义青年团。1933年考入东北大学，参加了一二·九运动。1936年加入中国共产党。西安事变前后，奉命做东北军的统战工作，任中共东北军第57军工委委员、第111师工委委员等职。解放战争期间，任第四野战军第50军政治部主任。新中国成立后，担任国防科委第六研究院政治委员，第三机械工业部党组成员、副部长，北京航空学院党委书记等职。1955年被授予少将军衔。

王振乾

振坤、振林两弟：

我们在武汉过新年，由于广西问题……迅速彻底解决，人心大快。中南军区首府所在地是特别欢庆，热闹得很，比去年同振坤在茂林宾馆过除夕，可盛大多了，这一年的变化的确是太大了。

组织决定派我到陈明仁①所部第廿一兵团的五十三军去工作，拟即日到长沙，转浏阳、醴陵一带去找军部。中央毛主席对陈明仁部特别优待，对其在四平战役坚决反革命的旧恶不加追究，反而允其成立兵团并由陈出任湖南主席。我党宽大精神昭示全国，以德服人，但求蒋系人员及早弃暗投明，脱离反革命，停止捣乱，社会秩序早日安定，人民生活得以改善，国家建设能够顺利进行。在此种忠贞为国家、为人民服务精神的教育下，兄已不避艰苦，不凭兴趣，欣然赴职，希勿惦念！

此次调动工作，组织早已内定，该兵团已屡电促行。兄虽在过去东北军云南军队中，做过这类工作，均未失败，但此次到湖南军队却不敢自负经验，粗心大意，因该军军官均系蒋军嫡系，黄埔及伪中央军校出身，军官其伪正统观念，骄傲气势，政治斗争经验均比杂军难搞。改造士兵我们较有把握，团结改造军官就比较麻烦，我与湖南无任何历史渊源，生活习惯诸多限制，只好多费心机。其中虽有困难，亦愿从克服困难中寻找经验。搞了东北军、云南军，再搞搞"无湘不成军"的湖南军，也是一门经验，现即以此自慰。

---

① 陈明仁：著名将领、军事家。在国民党军队中，他官至中将兵团司令，曾获蒋介石授予的青天白日勋章。1949年与程潜等宣布率领全湘军起义，1955年被授予中国人民解放军上将军衔。

战争只剩台湾、海南岛的解放了，剿匪不能算是大规模的战争，西藏问题也不是专靠武力解决的问题。新的年代赋予我们新的任务——生产建设的任务。这要发扬革命精神与爱国主义精神，来对待新任务。不要从自满保守情绪出发，计较个人的斗争果实，因而产生松劲享乐退休等现象，革命斗争日久的同志固然不应如此，初步献身革命的青年更要长久保持内心的火热。你们及二哥历次来信，均表现勤苦劳动，奉公忘身的情绪，我很高兴。新国家的公民，新时代的青年，正要发扬这些。我对工作的干劲，人所共评，以此告慰，尚希共勉。老的知识经验已不够用，新的事物我们还得努力学，盼二弟勤学社会科学、自然科学的知识，逐步提高自己。我们的军队现亦计划提高文化，以掌握新武器与近代战争技术。振坤搞科学技术，更要学专门知识。振林应大力提高文化，这是提高自己的先决条件。给二哥常带报看，一切局势政策法令等便可瞭〔了〕然。

王福君①是否仍在东北，五十军已不要他，我们已告东北，他若再作恶，便扣起他依法判罪，希通知他。他品质很坏，流氓习气甚重，参军后为了关某某捣乱事他还是跑来跑去，我们疏于管教，所以我们虽然改造了五十军，但没有改

---

① 王福君：王振乾家乡的同族远亲，此人品行不端。这里提及他有大义灭亲之意。

造了他这个人。他利用我们（的）名义为掩护，乘机发了一点洋财，这不算是什么本事，我们以后一定有回东北的机会，那时顺便管他一下。将来干部都有休假的机会，我们若得机会，一定回东北去住几天，交通这样方便，缩短了我们之间的距离，一切想调皮的人，就连关玉璞也在内，都应加点小心才好，亦盼转告他。

王政①暂住武汉，等我安顿好了，她们再去。来信可寄汉口江汉路扬子江饭店一四〇号，王政顺转给我。写信可寄湖南长沙探投五十三军即可。

余再谈，致以

敬礼并请

母亲安好及全家老幼均安！

关宇辉、关真②在何处，希告他们来信。

王克③据说在衡阳已生一女孩，将来她们可能住河南。

振乾、王政

一月六日④

---

① 王政：王振乾的爱人。
② 关宇辉、关真：王振乾的外甥，革命青年。
③ 王克：原名王福媛，王振乾的侄女，随其参军。
④ 此信写于1950年。

| 王振乾的家书

背景解读

　　1950年元旦，王振乾从四川重庆第50军政治部调回武汉。中南军区分配他去湖南，任第21兵团53军政委。陶铸找他谈话，向他介绍了有关情况，并要他汇报改造第50军的基本经验。他认为改造第50年的基本经验基本上可以适用于改造第53军，由于陶铸催他尽快到职主事，他便动身到长沙。

　　面对新的艰巨任务，王振乾思绪万千，提笔给振坤、振林两位弟弟写了这封家书。他在信中表示党中央关于改造国民党部队的政策是极为正确的，对于巩固新生的人民政权极为重要，然而具体到自己的任务，不能轻视，必须认真对待。接着重点与弟弟们交流对于新的时代、新的任务的看法：参加革命较早的老同志不能骄傲自满、松劲享乐，新的年轻的同志要努力学习各种知识，包括社会科学和自然科学，提高文化水平，投身新中国的经济建设。总之，大家都"要长久保持内心的火热"，才能把工作做好。王振乾十分关心兄弟们的成长，希望大家作为"新国家的公民，新时

王振乾（右二）四兄弟的合影，左起王振坤、王振武、王振林，摄于1985年

代的青年"，都能够"勤苦劳动，奉公忘身"。

王振乾的老家在沈阳城南祝家镇上高士村，他兄弟五人，分别为王振文、王振武、王振乾、王振坤、王振林，他们还有一位大姐。其中大哥王振文英年早逝，留下一男二女；二哥王振武继承家业，当家主事；王振乾和弟弟王振坤在外读书，最小的弟弟王振林在外做工。

王振乾少年时代受进步思想影响，追求真理，积极投身革命。在北平汇文中学读书期间，发动和组织青年学生参加抗日救亡运动。1933年考入东北大学后，成为东北大学抗日救亡运动的骨干，参加了一二·九运动。西安事变前夕，张学良兼任东北大学校长。作为东北大学的学生，王振乾根据党组织的指示，借陪同燕京大学著名教授、爱国学者、历史学家顾颉刚给张学良讲学之机，向张学良面陈东北大学广大师生抗日救国的强烈愿望。西安事变发生后，他又前往西安做东北军的统战工作，并在东北军组建了抗日救亡先锋队第二支队，任政治指导员，后奉命赴东北军第57军组建中共地下党工委，任中共东北军第57军工委委员等职。在艰险复杂的斗争环境中，他依靠和团结东北军的进步力量，在上层军官中开展统战工作，为促成该部起义作出了重要贡献。

解放战争期间，王振乾历任东北挺进纵队第七纵队政治部主任、东北民主联军第一纵队政治部副主任，解放军辽吉军区政治部副主任、第四野战军第50军政治部主任等职。1948年东北解放前后，他参与领导对长春起义部队（原国民党第60军）的改造工作。仅用一年多时间，就将这支曾经被国民党长期控制的旧军队彻底改造成新型的人民军队。

辽沈战役后，王振乾与陶铸一起随第四野战军南下，参加并指挥了鄂西、广西剿匪战役。

1949年8月4日，国民党元老程潜与代理湖南省主席、湖南省绥靖总司令兼省保安司令陈明仁领衔通电起义，最初将所部改编为"中国国民党人民解放军第一兵团"，陈明仁任兵团司令员，并兼湖南省政府临时主席。关于起义部队的名称问题，考虑到当时部队的思想状况，如立即改称"中国人民解放军"，可能一时不易接受，但同时又要与国民党军队有所区别。根据8月5日中共中央军委给第四野战军的电报指示和毛泽东主席、朱德总司令给程潜将军复电精神，决定暂称其为"中国国民党人民解放军"。官兵薪饷应按起义前的标准发给，这比人民解放军实行的供给制要高。那时，下雨天解放军戴斗笠，给起义部队的却是雨布。8月中旬，起义部队由长沙望城坡附近全部移住浏阳，按已协商的决议进行整编。①

9月，陈明仁应邀赴北京参加中国人民政治协商会议第一届全体会议。11月1日，陈明仁所部7万余人整编为两个军6个师，改称中国人民解放军第21兵团。陈明仁为蒋介石"保卫四平"曾立下过战功，受到嘉奖。如今义举，实为深明大义，为湖南人民作了件大好事。起义后，陶铸为这支起义部队举行了授旗典礼，从此其成为人民的军队。

上面这封信，王振乾说的是即将赴长沙就任第53军政委，参与整编和改造长沙起义部队的工作。1950年2月初，王振乾赶到醴陵军部报到，随即转往第53军驻地，以安仁为中心，组织领导全军大生产，在全军系统进行整训。第53军的整训跟以前改编国民党第60军曾泽生部队（改编后为解放军的第50军）差不多，即将民主运动、土改运动、自我改革等三大运动结合起来，相互促进，均衡发展。

---

① 王振乾、罗卓夫：《从长沙起义到二十一兵团》，团结出版社，2009年版，第48页。

1952年10月8日,根据中央军委命令,第21兵团被改编为中国人民解放军第55军。陈明仁任军长,王振乾任政治委员。1956年10月29日,当时作为第55军政委的王振乾写了《对陈明仁军长工作情况》的报告,由军区党委上报中央军委和毛泽东主席。11月15日,毛主席作了重要指示。20日,中央军委转发各部队遵照执行。

任何人坐车，都要买票

1950年1月21日　谢觉哉致谢子谷、谢廉伯

写信人谢觉哉，原名谢维鋆，字焕南，别号觉哉，1884年生于湖南省宁乡县（今湖南省宁乡市）。"延安五老"之一，著名学者、教育家、社会活动家，人民司法制度的奠基者。1905年谢觉哉考中晚清秀才，后曾在湖南省立第一师范学校任教。1919年参加五四运动，1921年参加新民学会，1925年加入中国共产党。1934年参加长征。延安时期曾任陕甘宁边区政府高等法院院长、中共中央党校副校长等职。新中国成立后，曾任内务部部长、最高人民法院院长、全国政协副主席等职。

谢觉哉

子谷、廉伯①：

儿子要看父亲，父亲也想看看儿子，是人情之常。

刻下你们很穷，北方是荒年……你们筹措路费不易，到

---

① 子谷、廉伯：谢觉哉的次子谢子谷、长子谢廉伯。

这里，我又要替你们搞住的吃的，也是件麻烦事。如你们还没起身，可以等一下，等到今年秋收后，估计那时候光景会好一些。到那时来看我，是一样的。打听便车是没有的。因为任何人坐车，都要买票。

你们会说我这个官是"焦官"①。是的，"官"而不"焦"，天下大乱；"官"而"焦"了，转"乱"为安。有诗一首：

你们说我做大官，

我官好比周老官②（奇才大老官）；

起得早来眠得晚，

能多做事即心安。

问你母亲好。

父　字

一九五〇年一月二十一日

---

① "焦官"：意思是不挣钱的官。
② 周老官：名字叫周奇才，谢觉哉家乡一位勤劳能干的雇农。

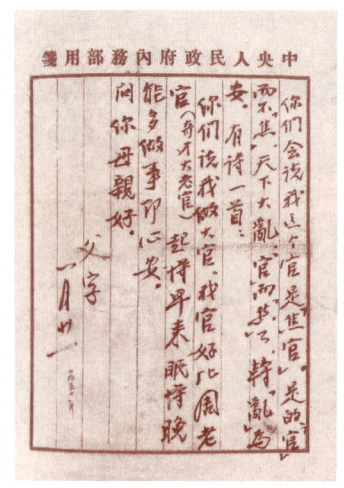

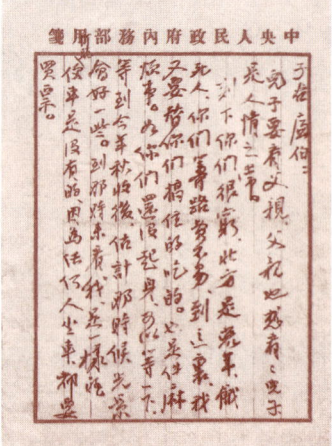

谢觉哉的家书

背景解读

　　谢觉哉是中国共产党内德高望重的老一辈无产阶级革命家，为党和人民政府的法律事业作出了巨大贡献。在中央苏区，谢觉哉担任中华苏维埃共和国临时中央政府主席毛泽东的秘书，主持和参与起草中国红色革命政权最早颁布的劳动法、土地法、婚姻条例等一系列法令和条例。1937年1月中央机关迁到延安后，为监督财政方针的执行和反对贪污浪费，成立了国家审计委员会，谢觉哉任主席。抗日战争爆发后，谢觉哉担任陕甘宁边区高等法院院长。1945年11月，陕甘宁边区政府成立了由谢觉哉负责的宪法研究会，起草宪法草案大纲。1946年6月，在边区宪法研究会基础上成立中央法律问题研究委员会，由谢觉哉任主任。1947年2月又成立中央法制委员会，谢觉哉为副主任。1948年8月，谢觉哉担任华北人民政府委员，9月任华北人民政府司法部部长。新中国成立后，谢觉哉担任中央人民政府内务部部长。1959年在二届全国人大一次会议上，谢觉哉当选为最高人民法院院长。

这封信写于1950年1月21日，彼时新中国刚刚成立，很多地区还没有解放，国家财政非常紧张。担任内务部部长的谢觉哉明确地拒绝了两个儿子来京，称自己为"焦官"。新中国成立伊始，政府工作人员还很缺少，在这样的情况下，给儿子安排个工作是极容易的事，但谢觉哉没有满足儿子的要求。他对儿子说："全国刚解放，上头下头都要人，你有文化，还是回家乡工作好。"遵照老人的嘱咐，二儿子回到老家从事教育工作。后来，谢觉哉在家务农的大儿子也提出参加工作的要求，谢觉哉也给了一个明确的答复："种田人还是要的。"谢觉哉的一个妹夫曾写信请求帮助安排工作，谢觉哉始终没有答应。后来，妹夫又当面提出，谢觉哉幽默地说："要我安排你的工作，除非我回家当老百姓，你来当部长。"

"为党献身常汲汲，与民谋利更孜孜"，这是延安时期人们向谢觉哉祝寿时赠送他的诗句，也是谢觉哉革命一生最真实的写照。他不谋私利，不图虚名，廉洁奉公，艰苦朴素，数十年如一日，甘做人民的公仆。他常常对子女说："我是共产党人，你们是共产党人的子女，不许有特权思想。"得益于谢觉哉的严格要求，他的子女都是国家机关的普通干部。他的夫人王定国，百岁高龄时依然奔波奋斗，无私奉献。

谢觉哉家乡的儿孙们，摄于1950年

没把革命进行到底，哪能回家呢

1950年1月、2月　齐子瑞致父母

写信人齐子瑞，1919年生于山东省阳谷县阿城镇齐庄村。1945年7月参加八路军。1947年6月，他辞别家人，随刘邓大军渡过黄河，挺进大别山。后来参加解放战争，渡长江，追击残敌。1950年初随军进军西藏。1955年，齐子瑞在一次执行公务时被敌人杀害，年仅35岁。

齐子瑞，摄于解放战争时期

父母二位大人膝下：

敬禀者，儿出外数年不能面见，只有时常通信问问。因部队是野战军，又继续行军打仗，没有休息时间，今数月没有去信。自过了长江，三月间去信几封，也无一次回音。今在四川省犍为县竹根滩休息两个多月，长江北，特望大人身体康健、生活粗壮、饮食增加。儿不用惦念，自从过江后，身体强健，生活平常，无生疾病，工作顺利。

另外，经过好多省会、县城、镇店，都很热闹得很，儿未想到的，现已亲目观看，真是欢喜。及住到此地，当时去信一封，内装像〔相〕片一片，是否收到？如若收到，可来一回音，免儿挂念。今后要在〔再〕行军，还是通讯〔信〕不方便，只有住〔驻〕军时期多多通讯〔信〕。现在国民党蒋介石业已完蛋，还有台湾、海南岛、西藏未解放，今年一定解放。全国胜利，国家平定，儿在〔再〕回家面见大人不迟。只有在信说明，以免二位大人惦念，安心过生活，多多生产。别不多叙。

敬请

金安！

儿　子瑞（人名章）

一九五〇年元月廿八号

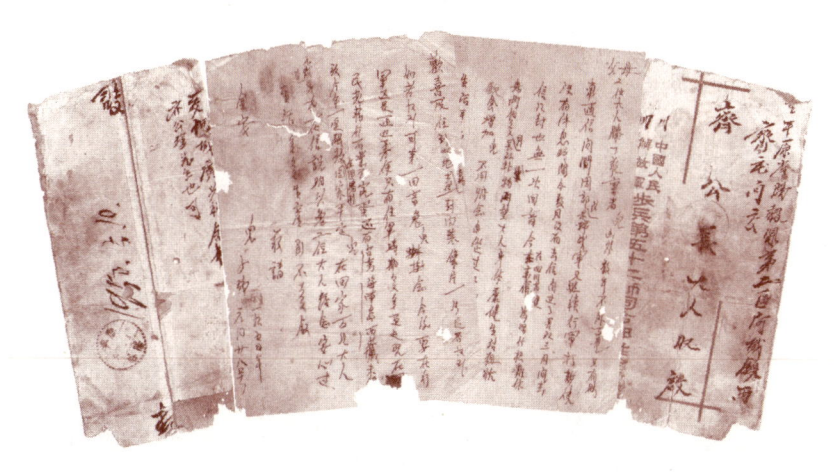

| 齐子瑞的家书一

父母大人膝下：

敬禀者，儿住在四川省犍为县竹根滩，去信三次不知收到否？最近十二日间接到来信二封，打开一看，一切事情尽知，很是欢乐。可是去年向家去信数封，只收回音三次。现本军奉上级命令到西藏驻防三四年，通信不方便，因行军交通不便，等明年时常多通些信，因此上级首长给每个军属一封慰问信，免大人挂念。信内还装儿像〔相〕片两张，收下速来回音。向西藏进军坐飞机，不是走路。毛主席亲说，到三年部队换防，一定转回来，叫各同志回到家探望老少。不和过去情状一样，没有敌人啦，全国胜利啦，部队也有安身休息之地。

再者，儿身体粗壮，工作顺利，不必惦念。说叫回家，现中国人民还未完全解放，没把革命进行到底，哪能回家呢？十几年都过来啦，三四年很快就到，只有多通几封信，等全国无有敌人，才可回家探望大人。盼大人身体健康，把儿寄家相片存好，见相片就和面见儿同样。别不多叙。

敬请

金安！

儿　子瑞（人名章）

卅九年二月十日①

---

① 卅九年即1950年。

并问各院老少安!

凤龙①母二人不能到，在此处因不到家属队是不能到我处的，路又远也无〔没〕有路费，只有叫区县政府送到家属队，才可到前方来面见的。

| 齐子瑞的家书二

背景解读

1949年4月，解放大军渡过长江之后所向披靡，相继有湖南、宁夏、新疆、云南等地实现和平解放。毛泽东希望西藏能像这些省份一样以不流血的方式实现和平解放。1950年1月，经过反复比较从新疆、青海和四川进军西藏的困难之后，毛泽东决定以西南局和第二野战军为主，在西北局和第一野战军的配合下，解放并经营西藏。这样，进军西藏的重任落在了第二野战军第18军的肩上。

---

① 凤龙：齐子瑞女儿齐桂荣的小名。

1949年12月底，成都战役结束后，齐子瑞所在的第二野战军第18军52师奉命前往川南宜宾安家。指战员们都很兴奋，还有一个多月就是春节了，大家憧憬着即将在宜宾度过的新中国成立后的第一个春节。1950年1月8日，部队正准备从乐山犍为出发时，接到了"停止、待命"的命令。1月22日，52师召开团以上干部会议，宣布18军已接受进军西藏的任务，为此部队开始进行思想动员。此时，齐子瑞一定知道部队要去西藏的任务了，但是他在1月28日写给父母的信中并没有说明，可能是怕父母担心，只是提到"今后要在〔再〕行军，还是通讯〔信〕不方便，只有住〔驻〕军时期多多通讯〔信〕"，同时表示，全国"还有台湾、海南岛、西藏未解放，今年一定解放"，等全国胜利了，才能回家面见父母。

进军西藏是一件非常光荣也非常艰巨的任务，就其政治意义的重大和自然条件的艰苦等各方面讲，都可以称作是二次长征。青藏高原被称为世界屋脊，纵横五千多公里，海拔在四千米以上，四周被许多高耸入云的巨大山脉所包围。1950年的青藏高原不仅没有一公里现成的公路，第18军军长张国华手里甚至连一张准确的地图都没有，当时部队进藏的最佳路线就是沿着千年来古人踏出来的茶马古道行进。

当时部队接到进藏命令后，在官兵中也产生了一些思想波动，毕竟西藏的自然条件太艰苦，战士们打了多年仗，总想歇一歇，过一段安稳日子。2月9日，军长张国华再次作报告，将大家普遍存在的个人、家庭、进军等疑虑进行了细致分析和解答。2月10日，师长吴忠作进军西藏学习的总结。经过几天的学习，对于进军西藏、统一全中国、巩固国防的重要意义，官兵们有了新的认识。就在这一天，齐子瑞又给父母写了一封家书，明确说明"现本军奉上级命令到西藏驻防三四年"，行军途中通信就不方便了。为免父母挂念，他谎称"向西藏进军坐飞机，不是走路"，还说"毛主席亲说，到三年部队换防，一定转回来，叫各同志回到家探望老少"。当然，这些话都是安慰父母的，但从中可以看出，齐子瑞的思想觉悟很高，一再表示，要把革命进行到底，等全国都解放了，没有敌人了，才能回山东老家与亲人团聚。

齐子瑞写给父母亲的这两封家书，使用的是第二野战军第18军52师司令部供给处专用信封,并盖有第二野战军军邮专用邮戳,带有明显的时代印迹。虽然家书的语句有些生涩,还夹杂着一些错别字,但其质朴的语言、纯洁的情感,读来令人动容。

　　齐子瑞给父母写这两封信的时候,正在四川省犍为县竹根滩(今四川省犍为县竹根镇)作进军西藏的准备。不久,他随军参加了昌都战役,进到热亚兵站,之后随大部队进入西藏中心地区。他深爱自己年迈的父母亲、妻子、女儿,非常希望得到家中亲人的消息,在信中反复强调收到家中的回音太少。他一直盼望着全国解放的日子,以便回家看望亲人。可惜的是,他没有等到这一天。

做一个最新式的布尔什维克

1950年2月2日　李骝先致父亲和大哥

写信人李骝先，1932年9月出生于安徽省无为县（今安徽省无为市）。1949年6月考入中国人民解放军第二野战军军事政治大学，毕业后随军进军大西南，被分配在四川省纳溪县人民政府工作。他主动要求下乡参加征粮剿匪战斗，不幸牺牲，年仅18岁。

李骝先

父亲：

我沿川湘公路走，酉①、秀②、黔③、彭④，步行入川已久。在重庆住了几天，军大⑤三团到隆昌县⑥〈举〉行毕业典

---

① 酉：酉阳，位于渝鄂湘黔四省市接合部，今重庆市酉阳土家族苗族自治县。
② 秀：秀山，位于重庆市东南部，武陵山脉中段，四川盆地东南缘外侧，为川渝东南重要门户，今秀山土家族苗族自治县。
③ 黔：黔江，地处武陵山腹地、渝东南中心地带，今重庆市黔江区。
④ 彭：彭水，位于重庆市东南部，今重庆市彭水苗族土家族自治县。
⑤ 军大：中国人民解放军第二野战军军事政治大学。
⑥ 隆昌县：位于四川省东南部、内江市的南端。2017年改为隆昌市，为四川省直辖县级市，由内江市代管。

礼，即全部分配〈到〉川南各个部门工作。上月廿九日组织上分配我到纳溪县秘书室工作，现正接管纳溪县中，办理移交清点手续。

川南沃野千里，物产丰富，是个好地方，造糖、井盐、煤矿等工业均有基础。川南解放至今已两月余，但因干部缺乏，征粮工作才开始展开，各方面工作等待我们努力干。

想父亲一定身体健康，阖家安好，我希望你能够做到：

（一）换脑筋，学习新社会的理论，使思想不会落人之后，同时应站在革命军人家属的立场上，一切为穷苦的劳苦大众作〔着〕想，服从与拥护政府法令、措施，并向邻友和各界人民进行宣传解释工作。

（二）要全力支持全家从事生产、劳动，或参加政府各项工作，为人民服务。对斌①、鹁②多爱护照顾，设法培养造就（为下一代作〔着〕想）。要时刻安慰母亲、姑母，使其能愉快地管理家务，不要像从前，一点小事就爱忧郁苦闷，吵闹一通，这样就把一个美满温暖家庭变为冷酷场所，无人生趣味。

（三）不多与地主、恶霸、奸商接近，他们眼看就要〈被〉消灭，完成其历史任务。要把民主在家庭切实实行，有问题召集全家成员协商，听取大家意见，走群众路线。

---

① 斌：李骝先的弟弟李斌。
② 鹁：李骝先的五妹李芳妹。

倘若父亲能做到这几点，成为一个民主人士、模范革命家属一定不成问题。时代是进步的。此请金安。

男　骝先　叩禀

二.二.①

李骝先写给父亲的信

大哥：

你好吗？别来无恙。弟已随军大入川，请勿虑。家乡情况有何改变？去年减租减息，农民觉悟多少？听说今年华东区可能完成土改，那么数千年受封建压榨地主剥削的农民，该彻底翻身了。家庭生活如何维持？父亲和你的工作是否仍

① 此信写于1950年。

旧？均请不要吝片纸只字告诉千里外的弟弟（我的通讯〔信〕地点是川南泸州市对江纳溪县人民政府秘书室）。

你校是否切实改观？民主教学法①是否切实施行？老师和同学思想有何进步？有关新民主主义建国大业，儿童是将来的主人，弟不得不时刻念及。

希望你站在自己的岗位上，稳定立场，把应做的工作做好，集腋成裘，这就是为人民服务。我们大家所做均是革命工作中的点滴。

希望你勇猛前进，万不可悲观失望、老气横秋，多学新文化、新思想，参加实际革命斗争，将来前程远大的很。

希望你去〔取〕消旧意识、旧作风，努力工作，争取入党，做一个最新式的布尔什维克。

注意四弟②、五妹③的教育、培养，使他们成为好孩子，都能参加得上民主少年先锋队④，要他们多活泼、多学习，在校中把同学团结好，尤其要叫四弟在中学从事一切有益于青年本身的民主活动，不要叫他死读书、叫他呆板。

要和气对待母亲、姑母她们。从事日常劳动伟大辛苦极了，再发她们脾气真是不应该。母亲、姑母代为请安，弟妹

---

① 民主教学法：解放区在党和人民政府领导下实施的教育方针和方法。
② 四弟：李斌，因排行第四，故此称呼。
③ 五妹：李瑠先的妹妹李芳妹。
④ 民主少年先锋队：中国少年先锋队，解放区的少年先锋队被当时一些报刊称为民主少年先锋队。

代为问好,恕不另写信。再会。此致

　　革命敬礼!

弟　骝先　于纳溪县府①

李骝先写给大哥的信

背景解读

这两封家书是1950年2月2日,李骝先从四川省纳溪县人民政府写给父亲和大哥的信,当时是装在一个信封里寄回老家的。写完这封信后不足两个月,李骝先就牺牲在征粮剿匪的第一线。

李骝先的父亲在县城小学教书,兄弟姐妹五人,李骝先排行老三。据李骝先的弟弟李斌介绍,哥哥在家乡上学时喜欢读书,阅读的书中有鲁迅的《呐喊》《狂人日记》《记念刘和珍君》等文章。他还经常去同班同学、挚友季健家读书和借书。他在初中阶段读过很多文学作品,如巴金的《家》《春》《秋》,

---

① 此信写于1950年。

英国作家兰姆姐弟的《莎氏乐府本事》等，还有《新青年》等进步杂志。这些文学作品和杂志对他思想觉悟以及语文水平的提高起到非常重要的作用。

1949年4月渡江战役后，为夺取全国胜利，接管新解放区培养干部，由第二野战军在南京创办了中国人民解放军第二野战军军事政治大学（简称二野军大）。其前身是中原军事政治大学，由刘伯承兼任校长和政委，1949年6月开始在南京招生。苏、沪、浙、皖、豫等地上万名知识青年投身其中，经过学习和军训锤炼，在预科学习结束后，分别组成三个梯队，随刘邓大军进军大西南。李骝先报名参加了该校组织的第二次招生考试。

1949年6月4日，《新华日报》刊登了二野军大招生工委榜示（第二次考试学员录取名单）。李骝先得知自己和几名校友被录取时，非常高兴。他简单准备了行李，于6月9日经芜湖赶赴南京，次日到校报到，开始了二野军大的学习生活。

李骝先在1949年6月18日给父母的信中写道："前天刘校长伯承将军招〔召〕集全校学员讲话，刘校长……向我们微笑着，很和蔼的样子，他谈到了知识分子和工农大众结合的问题，军大与人民解放军的关系问题以及其它等等。""军大这里的生活是健康的又是美满的。"①

李骝先身在革命队伍，除了忠诚于党的事业外，对弟妹们的学习、生活、成长也十分关心。他在书信中经常教育弟妹们继续升学，若有困难不能升学，也不要悲观。在上面写给大哥的这封信中，他劝大哥在教书进步的同时，要注意对弟妹们的督促和教育。

1949年底，李骝先从二野军大毕业，随军进军大西南，由湖南进入四川。1950年元月底，他被分配在泸州纳溪县人民政府工作，任县政府秘书。当时，土匪猖獗，四处破坏征粮工作，他主动要求下乡参加征粮剿匪战斗。由于内奸出卖，李骝先惨遭土匪杀害，牺牲时年仅18岁。

从他留下的二十余封满怀激情的家书中，我们看到了一个意气风发、蓬勃向上、追求真理的青年革命者的光辉形象。这一封封饱含深情的家书，将他的革命理想永远定格在20世纪50年代初那个火红的年代。

---

① 参见1949年6月18日李骝先致父母家书，中国人民大学家书博物馆藏。

解放后第一个青年节的前夕，我写下这封信寄给你们

1950年5月1日　谢世基致女儿谢皙子、谢力子

写信人谢世基，字北正，1901年生，湖南醴陵人。1925年毕业于北洋大学土木系，在湖南省建设厅工作，参加或主持过桂全（桂林至全州）公路、湘黔铁路、醴萍（醴陵至萍乡）公路、衡常（衡阳至常德）公路、冷锡（冷水江至新化锡矿山）公路等多项土木工程。1950年任长沙市自来水工程处处长。曾主持长沙烈士公园建筑工程，后调到湖南省设计院工作，直到退休。1967年去世。

|谢世基|

皙子、力子：

在这解放后第一个青年节的前夕，我特地写下这封信寄给你们。但写信的动机是早已发生了的，不过在今天寄到你们手里是比较更适当的了。

你们现在在学习时期的阶段，相当于我自己当年读大学

预科的第一年。回忆我的当年，使我更关切你们的现在。

时间相隔整整三十年（我在1920年7月读完大学预科第一年），世界和中国在这三十年间的进步是空人类几十万年的前史的，因而你们现在的环境是绝不与我当年的环境相同的。这么说来，今日我从我的回忆出发来估量你们，就显然犯了错误么？不，不是。我没有以我自己三十年前的思想与学习态度作标准来估量你们的准备，却只是因为我比你们在学习上早过三十年，我现在的心情——不，要说我现在的人生观——固然和三十年前的人生观不同，而且由于现在我是行年五十的人，比较你们不满二十岁的青年人的人生观也不相同，回忆使我能多给你们以同情，结果就可能使我多给你们以帮助。

我有多多关切你们帮忙你们的义务。

在三十年以前，距离五四运动刚好一年，距离一九一七年文学革命运动的开始才三年，一切都还没有定型。（注意：十月革命正是在一九一七年发生的。）大多数青年虽已动摇，却仍在彷徨着。所以，日本厨川白村的《苦闷的象征》和德国哥〔歌〕德的《少年维特的烦恼》两本文学作品的译本，很流行于青年人间。那时代的青年是"苦闷"的，是"烦恼"的。我个人虽在读工科的预科，受了一批读文学的朋友的影响，尤其是受了那时就参加工人运动的两三个朋友的影响，我也是有相当的苦闷烦恼的。但我的父亲只能关切我的苦闷我的烦恼,却不能帮助我除去苦闷除去烦恼。

我现在对你们提出的第一个问题,就是问你们现在有哪些苦闷烦恼存在于你们的心中。

绝大多数人是受到家庭影响的,而且是受到家庭的束缚的。这些影响可能好,也可能不好;这些束缚可能合理有益,也可能不合理、无益而有害。有的人很留恋家庭,有的厌恶家庭,有的则抱着无可无不可的态度。就大体说来,一般的都对家庭感觉不满足,认为"不够",认为不值得留恋。果然,成年已久的家长,受过一段长时间的磨练〔炼〕,甚至受过许多磨折,早没有"赤子之心"了,绝不注意(至少不大注意)青年的心理及其所受家庭以外的影响,而徒然以本位主义、狭窄的现实主义,来制约孩子们。这个,对于青年的发展,无论在哪一方面,都是利少而害多的。

我感觉从你们读高中以来,我对你们的照顾是太少了一些,我根本没有过问过你们的功课,没有查看过你们的教室听讲笔记本,没有批阅过你们的作业成绩,甚至于不知道你们每学期学习了一些什么东西。其实,我是没有一天不关心你们的进展的。而所以在行动上表现得照顾太少的原因,第一是我对你们具有信心,第二是你们所属的这个小家庭构造简单而成分纯粹,你们对于家庭历来没有隔阂,即使你们假若对家庭发生什么要求时,你们是可以"放势"(湖南方言,意为尽量及无所顾忌)提出这要求来的,你们没有提出来,我便以为你们没有隐藏了。既没有隐藏着要求,就是需要照顾的地方本来就很少。

但在你们这方面,确实的情况是怎样的呢?跟着学习的进级、年龄的增加、朋友的加多,对于社会观察面的扩大,身体的长成,尤其是解放以来新观点的建立,学习方法学习制度的革新,学校生活范畴的变改,在理论上,你们是应该具有对于家庭的新要求的。而在事实上,你们却什么要求也没有提出。

倘若在你们和家庭之间存在着一点点隔阂,那是必须加以消灭的。

我有消除任何隔阂的义务。

不管隔阂是如何的微小,总是一个隔阂,总是使每一个关系人都觉着不痛快的东西。从前社会上有句话,说是"子大父难做,弟大兄难为"。这句话的真实性,因不同的看法而变更其价值。普通的看法是把这句话给父兄减轻责任,是对父兄的"恕"辞。我以为这个看法完全是宗法社会的看法,在父兄不能尽其责任的时候——其实,在宗法社会里,对于父兄的责任,一般是排得很轻松的,轻松到等于几乎没有责任——拿这句话给父兄开脱其责任,仿佛是说,子弟小时,父兄都"做"得好、"为"得好,到了子弟长成时,就"人大心大"了,不听父兄的话了,反过来要对父兄表示不满足了,这真使做父兄的"为难"!这个看法是贬损了这句话的价值的,是破坏性的看法,是实际羞辱天下为父兄者的看法,(何能替父兄减轻责任呢?)我从来对于这句话的看法有个固执。我以为这句话是对父兄提出建设性的警觉,教育天下为父兄者,当他们的子女长大时,他们要严密检查自己的责任,要能适应接受子弟的要求,要给子弟解决问题,要有"责任繁难"的觉醒。

现在是我体会并实行我自己的看法的时候了。而我的第一步,就是要防止你们对我,及我对你们发生隔阂——如果已经发生了一些子,我们就要来合作清除它。

我现在对你们提出的第二个问题,就是问你们现在有哪些没有向我提出的要求。

我要尽我的力帮助你们,尽可能给你们消除苦闷,尽可能给你们肃清烦恼,尽可能接受并满足你们的要求。

你们看得出我是真实而正确地爱护我的孩子的,你们也要相信我有对你们从事实实在在的爱护行动的热忱和决心。我希望你们每人给我一个独立的答复,在答复中要极坦白说明你们的苦闷、烦恼和要求,不要有什么顾忌。

我在全世界庆祝劳动节的休假日写寄这封信,虽然没有参加〔考〕妈妈的〈意见〉,但她是不会另有立场的,是不会不同意这封信的。

我当然一并欢迎你们对于你们自己所属的家庭提出一切

批评和建议，只有适当的批评和建议才能对家庭给以扩大幸福的基础。

我原已预备了30万元（相当于后来的人民币30元）作登记房地之用，昨日登记，结果还用不到7万元，因此，我预备将此馀〔余〕款给你们三人补充求学的设备。盼你们开出单子来。这是一个附启。

       爸爸　五月一日下午（一九五〇年）

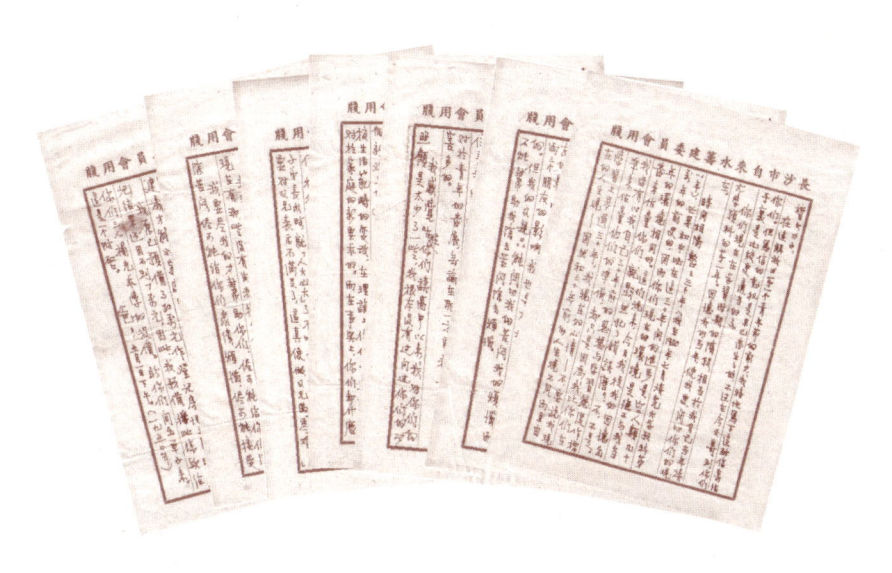

谢世基的家书

背景解读

这是一位父亲写给两个女儿的家书。新中国成立后的第一个国际劳动节,长沙市自来水工程处副处长谢世基没有在家休息,而是特地去单位写了这封长达7页的信。他的两个女儿谢皙子和谢力子同在湖南省立第一中学高中二年级学习,五四青年节快到了,他想和女儿谈谈青年应该树立什么样的人生观,也想了解女儿到底有哪些苦闷和烦恼,女儿对于父亲有哪些要求,做父亲有哪些责任等,洋洋洒洒,下笔千言。

谢世基毕业于北洋大学(今天津大学的前身)土木系,或许是受专业教育的熏陶和职业的要求,认真严谨是他的性格,细致、精确和条理分明几乎成了他的本能。他平时对子女要求严格甚至苛刻。有一个学期,大女儿谢皙子因为上学的需要,要在外婆家住,谢世基特地花了一个小时专门给她讲餐桌礼仪,比如长辈为自己夹菜要站起身捧着碗去接,还要向长辈道声"谢谢"。再比如做家务事,切菜时他恨不得要求切成几何图形。他珍惜藏书,也不允许孩子们把自己的书弄脏弄破。他看书时不做记号,更不会在书页上写字。他看过的书,一个污点也没有。

谢皙子说,爸爸对儿女的爱,是和严熔融在一起的,好比加了苦药的糖。这种糖,它可以治疗祛除毛病,但很少能尝到甜味。

谢世基的严不仅在于对待子女上,他的严是多方面甚至全方位的。条理、精确、工整、效率等特质也体现在他的日常生活中。对自己的土木工程设计建设工作,他写字画图严严整整。就连自己设计的家具,也都严丝合缝。对上司,他是个严正的下属。对下属,他是个严明的上司。他严格要求别人,首先严格要求自己。

谢世基曾对女儿说:"听说北京十大建筑中的一堵墙裂了一条缝,一定是施工的时候不认真造成的。真可惜呀!那么大的楼,那么重要的建筑,花了那么多钱!"语气中饱含忧虑和气愤。

谢世基在信中向两个女儿提出了两个问题,要求她们分别回信,每人给他一个独立的答复。谢皙子后来说:"我对自己的回信内容记不太清了,

1956年，谢晳子（后排中）、谢力子（后排右）、谢逢申（后排左）姐弟三人分别在大学读书，因暑假放假时间不同，和父母团聚成为泡影。父亲请照相馆的师傅把这一年分别拍摄的两张照片拼接在一起，无奈地实现了一次"纸上的团圆"

印象比较深刻的是，当时没有向家里提出任何物质要求。读了这封信，我才第一次领受了爸爸深藏于心底的慈爱。意外之余，激动得泪如雨下。"[1]

据谢晳子介绍，1948年，爸妈失业，这是家庭拮据、负担最重的一年。新中国成立后，她们姐弟仨先后进入大学学习，爸妈二人的工薪要负担3个大学生的全部费用。但为了孩子的前途，他们咬紧了牙关。一次，学校集体包场看电影，每个同学一张票。别人去学生会买更多的票，谢晳子却去学生会退票。谢世基知道了这件事，对女儿说："你就看一场嘛！"向来冷峻严肃的爸爸，说话时动了感情，声音里有少见的慈爱，还有慈爱以外的东西……

孩子们上大学后，谢世基规定他们写家书必须使用固定格式的纸张，并要求他们寄回所有收到的家书，并把全部来往家书按时间顺序装订成册，作为家庭档案珍藏起来。可惜，那些信件最终未能留下。

这封家书，谢晳子珍藏了55年，直到2005年将其捐赠给抢救民间家书项目组委会。

---

[1] 谢晳子：《父爱好比加了苦药的糖》，载抢救民间家书项目组委会主编《家书抵万金》，新华出版社，2006年版，第169—178页。

家书里的新中国

幸福的一天是很快的在眼前了

1950年6月25日　竺焕新致大嫂

写信人竺焕新,曾用名竺树己,浙江省新昌县兰洲村(今属浙江省嵊州市)人。受进步家庭和大哥竺焕兰影响,1940年在家乡加入地下党,1942年夏参加抗日游击队,后并入新四军三五支队。抗战胜利后,1945年秋,三五支队北撤至苏北鲁南,编入华东野战军第20军。1949年淮海战役胜利后,竺焕新随第三野战军第9兵团20军渡江南下进驻上海。1950年10月,竺焕新被编入志愿军第27军,后随军入朝,牺牲在朝鲜。这是竺焕新生前听说大哥竺焕兰牺牲后写给大嫂的信。

1950年8月28日,竺焕新送给七妹竺亚青的照片

大嫂:

我近〈来〉在上海工作,时常想起你,几次想写信给你,但拿起笔摊开纸,就感到写不下去,用什么话来安慰你好,使我心里不定。那年,我北撤,大哥①也北撤,在余姚

① 大哥:竺焕新的胞兄竺焕兰。

海边碰到了，他对我说："一块到苏中去。"并拿了我一套新制服。他身体不好没有钱，我也没办法，可是他到了浦东，把我的军衣带回来了，附上一纸信说："与小叔①到上海去了，以后多通信。"后我到山东，不久战斗频繁，打听〈到〉上海环境不好，翁纪根②当特务了，使我心里天天想念。由于我事很多，希望再来苏中是没有了，只盼他能度二三年险恶环境，春天一定会到来的。奈知，今到得上海，小叔告诉我大哥殉难的惨情，真是万分悲痛。可是现事已属过去了，你也不必再起悲痛了，唯保重自己，抚养大刚小刚③长大，并〈且〉在目前，须想尽办法，度过艰难，幸福的一天是很快的在眼前了。

俩〔两〕刚今年几岁了？是否在读书？在我主观的愿望，须要想办法给他读书，你也不要可惜几个钱，打几个譬如，少一点家产就是了。听焕苗④说，父亲在时，将我的一分家产分给你，（是否确实），这完全正确，证明父亲的眼光看得远，我今天可以再作保证，家里一切家产我不要一点，你对两刚要好好的爱护，要予适当调济〔剂〕营养，如果不听话，须要耐心劝导，千万勿加打骂。

---

① 小叔：竺焕新的叔父竺士珍，热心家乡公共事务，支持共产党，长期从事水利工作。
② 翁纪根：竺焕新邻村人，小学教师，由竺焕兰介绍入党。新四军北撤时留在上海，公开身份是越剧戏班的乐队伴奏，后被捕叛变，出卖了竺焕兰，新中国成立初期被抓捕。
③ 大刚小刚：竺焕兰的两个儿子。
④ 焕苗：竺焕苗，竺焕新的堂兄弟，年龄跟竺焕兰相仿。

对二嫂、幼芬①的关系上,我想你一定能处得团结,但在某些地方,你也须大方一点,特别对幼芬要多予劝导。并希叔嫂妹等多商讨办事,互相协调。余后谈。专此即祝快乐。

愚叔　焕新
六月廿五日②

锦身③的母亲、祖母、二三阿叔等均代问候安

竺焕新的家书

---

① 幼芬:竺焕兰的大妹妹,后改名竺幼奋,在家乡参加了中共地下党,新中国成立后曾任新昌县第一任妇联主任,后任县法院院长。
② 此信写于1950年。
③ 锦身:竺焕新大嫂的小弟。

背景解读

上述信中的关键人物是写信人竺焕新的大哥竺焕兰。竺焕兰自幼喜爱绘画，15岁到上海做纺织工人，秘密加入中国共产党，因参加罢工，上街散发传单，曾被捕入狱。全面抗战爆发后，竺焕兰受命返乡建立党组织并开辟新（昌）北、嵊东根据地，其公开身份是小学教师、校长，同时在新四军任职教导员。抗日战争后期，中共建立奉、新、嵊三县联合县委，由邵明、丁友灿、竺焕兰负责。抗战胜利后，1945年秋，竺焕兰患肺病未能随军北撤，留在上海坚持地下斗争。由于叛徒翁纪根出卖，竺焕兰被捕，被押解到杭州警备司令部。1947年4月26日，竺焕兰被杀害于杭州市警察局柴木巷拘留所。

竺焕新参加革命、入党，均受大哥影响，两人既是兄弟，又是战友。大哥的牺牲，他异常悲伤，为此他给大嫂写信，重点讲述了大哥的牺牲对家庭的影响，希望大嫂早日从悲痛中走出来，好好抚养两个儿子，渡过难关。

竺焕新现存的几封书信用的是"中国人民解放军第九兵团政治部用笺"，解放军第9兵团入朝后称志愿军第9兵团，司令员宋时轮。1950年10月，正在东南沿海筹备渡海登陆作战的第9兵团受命挥师北上。11月初，第9兵团在宋时轮的率领下，紧急入朝。此时，竺焕新给七妹竺亚青写来最后一封信，告知部队已移防北方，"今后联系不便了"。当时入朝是秘密行动，竺焕新虽未明言，但他所在的第20军就属于第20兵团，所执行的应该就是入朝任务。

志愿军第9兵团秘密开进自然条件极为恶劣的朝鲜东北部，执行战略潜伏任务，不久就在东线战场对敌发起了攻击。时值天降大雪，气温骤然下降，第9兵团的官兵们遭遇了极大困难，有不少士兵冻死、冻伤。

竺焕新是怎么牺牲的？1951年初春，家里收到竺焕新的战友寄回的他的遗物——一支钢笔和一个日记本，还说他是患脑膜炎，在送回国途中亡故的。后家人从他的日记中得知，1950年10月，竺焕新被编入志愿军第27军，到山东泰安整训，不久到东北，12月初从吉林省辑安县（今吉林省集安市）入朝，负责组织伤员运送任务，最终捐躯在异国他乡。

竺焕兰牺牲在全国胜利的前夜，竺焕新牺牲于抗美援朝的战场，兄弟二人先后为中国革命献出了年轻的生命。

国家的利益是大事

1950 年 7 月 10 日　骆正体致哥哥骆正坤、姐姐骆正芳

写信人骆正体，1927 年生于湖北省枣阳县（今湖北省枣阳市）。少年时博闻强识，刻苦攻读，著称乡里。抗日战争期间，背井离乡，赴儿童保育院就读。日本投降后，先后就读于国立三十三中、湖北省立安陆师范学校。1949 年，他蜜月未酬，即赴革命大学深造，毕业后投笔从戎，誓为建设现代化国防军而奋斗。朝鲜战争爆发，骆正体加入志愿军炮兵部队，1951 年 3 月入朝，一个月后牺牲在朝鲜。

正坤、正芳兄姐：

经过革大四个月的学习后，只以为分发工作的时间还早，谁知中间突有变动。我有生以来从未做过这个，梦想不到会北上到遥远的北国来工作，参加北上一〈方〉面根据学习成绩，一〈方〉面由上级选拔和自觉自愿签名的，而我是候补的，亦可说是自愿的吧！接这封信时，你们也许会感到惊奇和意外，甚至有各种不痛快的想法，快乐或感伤，但是只要你们（或亲老们）眼光放大一些，心内放宽一些，我想

是会想得开的，是会了解清楚的，也很希望你们能够帮助想不通的老人和她，（尤其是姓陈的）。根据我的个性和身体等，本来是不适于这种工作和生活的。可是今天既然参加了革命，就要牺牲自己的一切，无所计较的为工农兵服务，家庭和个人的利益是小事，整个国家的利益是大事，个人前途未来怎样办，这都要丢弃的。这并非是硬心畅〔肠〕的话，想通了自然明白。我也不多扯……

自阳历六月十二离校，踏轮船赴汉口，当日下午趁特快火车就北上了，约七天七夜就抵达哈尔滨市，除在北京站和牡丹江市停留休息外未稍停，在师部学习一星期后才分发工作。

此次由中南局调来大批青年学生，中南军大、湖南军大、建设学院、中原大学、革命大学等学校共来一千多人，政府准备调来十年〔万〕青年在百万国防军（四野）中利用三年的时间扫除部队中的文盲，一般的战士提高到高小毕业的程度，营团级干部提高到初中毕业，团师级干部提高到高中毕业的程度，卷入个文化建设的热潮，建立近代化的国防军，这次根据程度高低、能力志趣等，我们有的干政治文化工作团、财经管理、教育医务等工作，三五年后根据局势的发展和需要，再施行转业退伍，轮流还乡……只要坚决为工农兵服务，未来不会有失业不幸的痛苦的。初来时不服水土，吃不惯高粱和包〔苞〕谷米，多少有点痛苦，过冬也惯了，打破了顾虑，安定了心情。

经过万里行程，沿途所见惟〔唯〕有河南北部及黄河两岸等地比较凄惨。那的〔里〕多半是荒原千里，地广人稀，中原之战给一般人民痛苦太大了，他们有的没有耕牛，只得用一个人掌着犁，四五个男女在前面拉，这样翻土种地，没有人打麦用拖石滚打场，黄河两岸的人民可说最苦了。河北省开的荒地最多，老少无闲人，老百姓的生活十分快乐。在北京合丰车站停了半天，那里人对人非常客气，可视〔见〕他们一般的政治觉悟都很高，政府在此省到底是不同些。十五日转哈市，快车过山海关和秦皇岛，这里有些地方工业还好，有些地方经过战争破坏，可真不忍看了。那里工人成千，多半都很忙碌的工作。锦州至沈阳道路上是一片荒凉，这儿是打过数次大战的大好山河，无人耕种，荒草没人径，广大山坡白骨磷磷〔嶙嶙〕，破车倒房，随处可见。车到沈阳近郊，只见烟冲〔囱〕如林，烟雾满天，尽是大工厂，可说是社会未来美景。据说这里比日本在这时工业还要发达，千万劳动人们在生产在忙碌工作，到处是一片新气象。

东北天气比较寒冷，每天早晚还要盖棉被穿棉衣，麦子刚才扬花出穗。这里土地特别肥，种庄稼从来不爱上粪的，老百姓生活过得很好，每年收的粮食吃不完，喂猪也用粮食，很小的家有时可用到电灯，普遍都喂两三匹马或牛。大山内到处是草，也不愁吃，到处是柴，也不愁烧，到处都是地，想种多少都可，一家喂两三个大猪羊，真是太富有了。可惜是人口太少，电灯电话多，宽的大街合着眼走碰不倒〔到〕人。成千万的解放军同志在广大的土地上，展开了大生产运动，上级今秋每人要缴纳二千五百斤公粮，现在全军开了两万多亩〈地〉，秋后保证超过生产任务。另外还要分利，一部分参加国营集体农场种地，还有进行掏〔淘〕沙、金的，每人每天可得一万人民币①的黄金。还有进行伐木的，遍山都是二人合抱的大树，此地真是太富了。现在的军人可真变了样啦，他们在前线能打仗，在后方又能生产。这里交通也很便利，老百姓小学生好多都坐火车汽车上学或下地，犁地用洋犁或拖拉机。因为粪

骆正体的家书

① 旧币1万元相当于新币1元。

没地方消，所以有些地方或乡村很脏，苍蝇成堆。十月秋收后，全军卷入文化学习，开始正规学校生活，使军队学校化。解放军要求受教育是他们的权利，为他们服务教育他们，识字是知识青年应该做和必需的事。我虽然才出学校，毫无才智能力和办事经验，可是我尽我最大努力去为他们服务工作，相信是会有办法的。今后工作或许会很忙，无时间写信时，希望你们并转告亲友长老要谅解。希常来信指教交流学习心德〔得〕。

  此敬
革命敬礼

           愚弟 正体
           于桦南军营
           阳七、十日[1]

请转告双亲，因时间关系不另写了，可将信大意转告为望。请安慰、问候长者等，恕不另复，请告钦弟住址为盼。

补：我很希望你们能参加短期的轮训班，以有利你们二位思想的改造，认识过去和现在的社会和国家，这实在太重要了。

---

[1] 此信写于1950年。

背景解读

这是志愿军烈士骆正体生前写给哥哥骆正坤和姐姐骆正芳的一封信，2011年由烈士的弟弟骆正钦捐赠给中国人民大学家书博物馆。

骆正体在信中介绍了他亲身经历的两件大事，一是军中扫盲运动，二是东北地区的大生产运动。中华人民共和国成立时，人民解放军绝大多数官兵是贫苦工农出身，在旧中国被剥夺了学习文化的权利，文化水平低，文盲、半文盲居多，难以适应建设现代化军队的要求。东北地区解放较早，第四野战军官兵开展扫盲运动也比全国其他地区要早。1950年6月中旬，中共中央中南局组织了1000多名知识青年参军入伍，开赴东北，分配到第四野战军各部队从事文化教育工作，骆正体就是其中的一员。当年8月1日，中央人民政府人民革命军事委员会发出《关于在军队中实施文化教育的指示》，决定全军除执行规定的作战任务和生产任务外，必须在今后一个相当时期内着重学习文化，以提高文化为首要任务，使军队形成一个巨大的学校。为落实这一指示，全军在短短的几个月时间内，调配了5万多名文化教员，编印了200余万册教材，组建了一批文化学校。

军队扫盲从1950年开始，持续到1953年。在扫盲运动中，全军参加文化学习的人数达150多万人，其中干部32万人。开办速成中学55所，速成小学222所。全军共抽调14万名干部担任文化教员和其他教学工作，每个连队配备3名至4名文化教员。至1953年，全军官兵基本摘掉了文盲、半文盲帽子。

骆正体在信中还介绍了东北的物产丰富，以及部队所开展的大生产运动。东北解放区的大生产运动开始于1947年初，是为了恢复被战争破坏的经济，减轻农民负担，供养大批军政人员，支援尚未完成的解放战争。至1948年11月，东北全境解放，大生产运动全面展开，在东北驻扎的各部队工作重点由军事转向经济建设。大生产运动成果显著，仅1949年一年，为支援全国解放战争，东北除负担入关作战的第四野战军军费，折合粮食170万吨外，还向关内提供了302万多吨物资，其中上缴中央80万吨粮食、

150万立方米木材、20万吨钢铁。①

　　1950年6月25日，朝鲜战争爆发。7月10日，就是骆正体给哥哥姐姐写下家书的这一天，"中国人民反对美国侵略台湾朝鲜运动委员会"在北京成立。中央军事委员会根据毛泽东的提议，于7月13日作出《关于保卫东北边防的决定》，抽调第四野战军主力第13兵团及其他部队共25.5万余人，组成东北边防军，开始备战。10月，第13兵团首批入朝作战，驻东北部队的大生产运动暂告一段落。正在东北参加军中扫盲和大生产运动的骆正体也加入志愿军炮兵部队，1951年3月入朝，浴血奋战，恪尽职守。同年4月5日，他不幸以身殉国，年仅24岁。

---

① 朱建华：《东北解放战争史》，黑龙江人民出版社，1987年版，第384页。

我们要把悲愤化为力量，积极工作

1950年8月1日　王少勋致弟弟王少龙

写信人王少勋，1921年生于陕西韩城。1936年秋参加西北青年救国会领导下的抗日救亡活动。1937年3月参加中华民族解放先锋队，1938年加入中国共产党。先后参加抗日战争、解放战争和抗美援朝，1955年被授予少校军衔，获独立自由勋章和解放勋章各一枚。1958年转业，任北京第八中学校长、第六中学第一副校长等职。2004年去世。

王少勋，1938年摄于延安抗大

亲爱的俭弟①：

我在"八一"前夕晚上开会回来，回到我的家内〔里〕，看到您给我来的信放在桌子上，您想，我当时是多么的高兴啊！

---

① 俭弟：王迺俭，又名王少龙，王少勋的胞弟，曾任第一野战军司令部机要秘书。

我急忙把信拆开，看到母亲大人因病逝世，您想，我心中是多么的难过呀！回想十三年前的分别，我为了抗日救国民族解放事业，奔赴民族解放的疆场。这一分别，竟然成为永别了。在这十三年漫长的战争岁月内，不知多少人被国民党反动派蒋介石匪帮弄的家破人亡，妻离子散，流离失所，是〔使〕我母子不能相见。〈母亲〉积劳成疾，竟成为永别了。这是多么大的仇恨啊！这都是蒋介石匪帮的罪恶。俭弟，难过是无用的，我们要把悲愤化为力量，积极工作，努力学习，坚决解放台湾，活捉战犯蒋介石，为全中国千千万万受难同胞而复仇，以慰死者之英灵。

我今年正月曾给家去信一次，后因我去绥西起义部队检查工作三个多月，六月才回来。您给我来信，始终未曾收到。近年来，由于处在战争环境中，没有一定固定位置，往往通讯〔信〕发生很多困难，并不是我不给家内〔里〕写信，这一点您是要谅解的。

现在，我已请假回家安葬母亲，不久即可动身，由西安经过，准备和您一块回去。您在那内〔里〕等我。别言再谈。

致以
敬礼！

兄　少勋
1950.8.1 建军节

家书里的新中国

| 王少勋的家书

背景解读

1950年8月1日，新中国迎来了第一个建军节。王少勋忙完一天的工作，回到家里，高兴地看到弟弟的来信，但没想到打开信纸看到的，却是母亲去世的噩耗。他立即给弟弟回信，表达了歉疚而悲愤的心情。

王少勋给弟弟回信后，不久便动身赶回陕西老家。回到老家后，他看到，老母亲于1947年去世后，由于长子不在跟前，按照老家风俗无法下葬，其灵柩用黄泥糊着，在屋里一停就是3年。直到王少勋兄弟两人还乡，母亲的灵柩才得以入土为安。

数十年后，当王少勋卧病在床的时候，他终于向子女谈起自己，谈起当年始终疼爱自己、想念自己的高堂。他说，妹妹曾对他讲，当年母亲去世前，十分想念他，以致出现幻觉，常常对王少勋的妹妹们喊："快开门，你大哥回来了！"门开了，母亲咽下了最后一口气。他还说，昨天晚上做了个梦，梦见了母亲。

无论是在军队还是在地方，无论是在战争年代还是在和平建设时期，

王少勋（二排右三着军装者）与弟弟王少龙（二排右一），回陕西韩城相村老家安葬母亲时与家人的合影，摄于1950年10月

无论是在顺境还是在逆境，在周围人的眼中，王少勋都表现出一个真正的共产党人、革命老战士对党的事业无比忠诚，并始终保持高昂的热情。对工作，他一丝不苟、精益求精；对生活，他严于律己，对自己的家人要求尤其严格。他的一生都始终保持一名优秀共产党员的崇高思想境界。

家书里的新中国

最使人感到兴奋的是迪化有一种欣欣向荣之气

1950年11月25日　关群致大姐、哥哥

写信人关群，1931年出生于湖南长沙湘雅医院一个护士家庭，少年时代在福湘女中上学。1950年参加中国人民解放军进军新疆，在新疆军区政治部报社、宣传科任职。1952年调入志愿军第1军坦克团任政治干事，随第1军入朝作战。1953年加入中国共产党。1955年转业到北京市昌平县委办公室任干事、秘书，1957年任北京市拖拉机修配厂办公室主任。1971年随丈夫调湖北省咸宁地区图书馆工作，1974年后任咸宁地区科学技术委员会科长、副处长，1990年退休，2019年去世。

关群

亲爱的大姐、哥哥：

我们到迪化①，又有一个多月了，在这长串的日子里，

---

① 迪化：乌鲁木齐的旧称。清朝开始被改称"迪化"，意思是开导教化，该名称一直沿用到民国。1954年2月1日，迪化正式恢复使用原名乌鲁木齐。

我蛮想接到你们的信,好容易在八日早晨收到大姐的信。在未接到信前,我总这样猜想,你们忙吧!或是信在途中吧!我只有用这些来安慰自己,但是我始终没有接到哥哥的信。

现在让我将从西安一直到迪化的情形向你们报导一番。

我们在西安住了二十多天,九月十四号下午三时,便继续西去,四十几部崭新的苏联汽车,装载着我们三百多〈名〉同志,大家都感到很兴奋,因为我们都想很快能够到达目的地。

第一晚,住永寿县,因为地方小,没有这么多东西给我们吃,当地的青年团便发动老百姓送饭给我们吃。我们住在一个中学内,老乡们提着篮子,举着灯,从几里路以外的地方送大饼及面片来,这种场面,〈是〉非常感动人的。我们当然还是照价付钱。(我们的伙食是每人每天人民币5000元①)

平凉是一个较大城市,这里有大米吃,我们在一个湖北人开的馆子吃饭,掌柜的说:"你们革命为我们服务,我们价钱应该公道。"并且我们又是大同乡,所以每餐大米饭只要一千五百元,这种情形在西北是很难得的。

……

安西——这是我们经过甘肃省的最后一个镇。这里的风是有名的,人站着不动,它可以吹起你去。

---

① 旧币5000元相当于新币0.5元。

"河西走廊"走完了，这是一个狭形的地区。我们经过了一去〔处〕四、五点钟没有人的沙漠，汽车在沙漠上笔直的奔驰着，我们的风镜和口罩上都沾满了黄色的沙土。祁连山上堆满了雪，它们不规则的摆在我们的右边，分别在迎送着，山上连草也没一根，树连影子也找不着。这种几十百把公里没有人烟的地方，我还是第一次看到呢？你们比我更可怜，一次也没看见，我希望你们将来有这种机会。"我们祖国多么辽阔广大"这句话无形中使我体会到它真正的意义，中华人民共和国的确伟大。

……

这是一段插话，让我继续来介绍我所经过的城市。

还没有到哈密，我们对哈密瓜就已经垂涎三尺了。到哈密一下车，街上就布满了招聘团的同志们，尤其是哈密瓜摊前最多人。哈密瓜与西瓜不同，是橄榄形式，上面有很美丽的突出花纹，里面的瓜子与湖南的黄瓜子一样都集中在瓜的中间。有红瓢〔瓤〕、白瓢〔瓤〕两种，红瓢〔瓤〕的瓜最吃香，因为本地人是最爱红色的，口味大致相同。我们常买来吃，有的同志尝了一口就不敢吃了，据他说"太甜了，头都甜晕了，我宁肯吃西瓜"。后来一调查，这种情况很多。你们看，瓜甜到什么程度？但是酷爱它的却仍然不少，我就是其中一个。因为如果他仅仅是甜，那到〔倒〕不足为奇，偏偏它又有着浓厚的香蕉及菠萝味，而冰凉的。说到水分之多，也可以引一位同志的话："怪不得西北缺少水，原来水都跑到水果里面来了。"话虽然未免过火，瓜里面水多也是事实。

……

十月八日我们到达了后汉时班超声振〔震〕四方平定西域的一个大国鄯善国，现已改名为鄯善县。我们住在县府隔壁，当地正在召开全县第二次人民代表大会，我们特地跑去献花，县长对于我们的献花感到非常高兴，他代表代表们同我们讲话（有翻译），他说："……献花在鄯善是一件空前未有的事，我们非常感谢你们，这就充分说明了我们民族大团结……让我们来高呼民族大团结万岁！毛主席万岁！"虽然听不懂话，但是我们的感情在流露，彼此能领略对方的心声，他们的热情使我们非常激动。晚上他们派代表捧来了五十个大瓜（本地出产与哈密瓜相似）送给我们，九点钟的时候请我们去看他们的歌舞会，我们也参加了节目。他们不论大小都会跳舞，据专门研究舞蹈的同志说他们的艺术价值是很高的，我还是下了决心，有机会将新疆舞学好。

因为是冷天，我们走的是天山南路。

十月九日下午一时，在吐鲁番吃的早饭。我们为了行军的方便，经常总是下午一、二时吃早饭，晚饭总是八、九时吃。吐鲁番的葡萄的确是名不虚传，有长的圆的两种，长的有小指头那么粗长，圆的比平日玩的弹子大得多。颜色有一种白的，还有一种深红的，大概就是平日说的紫葡萄。还有一种小葡萄最好吃，没有籽，它是用来晒葡萄干的。这里的葡萄像浏阳买豆豉般的用大盘子盛，用麻布袋装，原来只卖七元钱一斤（省币），这下看见三百多人来抢着买，就涨成了八元。葡萄不管大小，都是甜得不亦乐乎，糖质的多可以使上下嘴粘住。同志们开玩笑说："没有葡萄吃的时候，舔试嘴唇也够甜了。"

一来天气很冷，到吐鲁番就感到暖洋洋的。因为他是全国最低的地方，说来你也很难相信，它有渤海七个那么深，等于深到太平洋的底。但我们到了吐鲁番时，却不感到它是低洼之池，四面都有山围着，形成了吐鲁番盆地。唐朝玄奘去取经的时候足迹的确经过这里，《西游记》上指的"火焰山"也就是这里，后来也有人称之为"火洲"，顾名思义，就晓得这个地方的确很热。我们四十几部车在这里走着都连爆炸了二十多个轮胎，这个时候才十月间呢！

在夏天，吐鲁番街上可热死人啦。本地人白天都跑到山洞去住，晚上再回来点起灯做生意。《西游记》上的形容是有些近乎神话，说什么寸草不生……其实吐鲁番的棉花是很有名的。在吐鲁番我们只停留了一个钟头。

十月十日，我们到了迪化。做梦也没有想到迪化有这么繁荣，建筑雄伟，马路比长沙宽大。我们这一路所经过的地方除汉口外都比不上迪化，虽然迪化的货物是由西安运来〈的〉。

一、二、三中队分批的住了下来，一中队住在通讯〔信〕团。在休息的时间，我们到街上逛了几次。

王震司令员和我们谈了几次话，又看了几次电影。我们参观了"新疆省军民生产展览会"，他们的生产成绩很可观。南瓜一株长十四实，每实平均约四十余斤，白菜一株约十八斤四两，包菜一株二十五斤，西瓜多为四五十斤重一个，最大的南瓜有七十余斤，茄子长一尺多直径三四寸，糖萝卜重十四斤。展览台上全布满了大南瓜、西瓜，还有其它各种生产品。看了之后，我有这样的感觉，解放军真伟大，不但是一支战斗军，还是一支有力的生产军。未来在新疆每一个解放军都在加紧生产。

新疆驻军有二十多万（最近又大量增加）。本地解放有一年多久，但解放军的一切费用，都是自己供给，没有在人民政府处拿过一文钱，这和过去盛世才对少数民族的压迫，苛捐杂税，恰好成了一个对比。解放军生产的收获，现在平均每个人有一头〔只〕羊，三个人一头牛，一年中每人生产可剩得二十几块光洋（光洋在新疆是公开用的），解放军用来办合作社。

最使人感到兴奋的是迪化有一种欣欣向荣之气，到处不象长沙那么沉寂，汉口那么嚣张，西安那么死气。到处在从事新的建设，这些砌房子的"匠人"就是伟大的人民解放军。过去盛世才时代，一栋大厦三年内没建设好，解放军两个月不到就完成了，你们说伟大不？

……由于解放军的实际行动表现，因此威信在少数民族中间是建立起来了，完全和反动派的军队不同。

新疆学院的学生都调到军区来学俄文，新疆学院就专门训练地方干部，（都是少数民族），自己的事就该由自己去管理，我们只有协助他们建设新的新疆。

新疆在三年中预算要开垦五千万亩地，南边八十里路有个地方叫沙湾，在五年内要建筑一个北京那么大的新城市，这种任务解放军都会光荣完成的。

在草原上解放军的开荒情况是这样的。草原上的蚊子特别多，又大，如果一个人迷失了路途，在草原里去得太多的时间，那这个人就不能出来了，会被蚊子咬死。解放军要在这些地方开荒，他们自制手套、头套，一直拉下来把领子也包过，全身仅〈漏〉两个眼睛在外面看事。休息的时候，大家围拢〈起〉来烧一堆火并不是冷，而是把蚊子熏开。

西北的气候是大陆性的，寒暑的温度相差很远。热天他们睡也不能睡在地面上，因为温度太高，湿气又重，他们就挖洞，晚上睡在洞里。

解放军是怎样到新疆来的呢？解放兰州后，继续西进，由于国民党的宣传，老百姓逃了一些，渡黄河的羊皮筏子非常缺少。解放军是会想办法的，就用棉花包代替，上面也可以坐人，慢慢的划到对岸。后面的看到前面翻了，并不畏缩，继续前进，也许前面被淹的同志的旋涡未平，后来的又淹了，但是解放军是终于渡过了黄河。损失当然是很大。

祁连山是几百年没人去过的地方，解放军都走过了。因为反动派把残余的匪军集中在酒泉，不过解放军却偏偏包他们的后路去祁连山，结果酒泉的匪军当然全部投降。

越过祁连山真不是一件容易的事。山上没有路，只有终年不融化的雪，平日我们在平坦的雪路上走，还感到困难，何况他们每人身上背负四五十斤重的东西，还要跋涉在崎岖的山上。

前面的同志走不动了，后面的接上来帮助他扛东西，扶着他走。在路上是停不得的，如果一停那就得冻死，即〔就〕算是站在原地，也得踏步才行，但是毕竟是冻死了不少。其中有这么一回事，有两位同志在祁连山上面对面的直立着，但两个人都没有气了，他们是死了。你们一定不会知道他们为什么会这样死，原来是这样的，前面的同志冻呆了，后来的同志发现后马上解开胸襟，将身子靠拢去，将嘴里的热气呼给对方，结果两个都完了。这是多么使人感动的场面，初听时我流泪了，他们真正是发挥了阶级友爱啊！

除水利、工程、农林这些同志分配了工作以外，其他的都参加学习，分成两队（技工队、文艺队）学习革命人生观，学习情绪很高。

组织上对我们照顾得很周到，发了皮大衣、毡靴、皮鞋。中国人民解放军符号及八一帽花，是照相后发的，不然你们可看看我这正式的八路了。

我们文艺队有一百二十多人，共分十二个小组，三个小组成立一个区队，我是第二区队队长，陆懋龄是第四区队队长，这也是学习的好机会。

我们布置了一个图书室，我经常在这里面自学，书籍杂志很多，总期望自己空空如也的思想箱子能添一些货物和财富。我想你们都乐于帮助我，希望你们多来信，多写些，也免得枉费了人民给我们的八百元邮票费。总要在写信中互相报告情况，交换意见、知识。

十一月四日，文工团协理员欧凡召集区队长讲话，报告我们将重新编队。五日早上星期四没出去。我们从今天也就正式编队了，文艺队大多是女同志，仅二十几位是干文艺写作及艺术工作的男同志，有八十多位同志编进了文工团，一部分学会计，学护士，拖拉机及俄文训练班（三年）等。我因为工作上的需要，分配到军区政治部直属部队工作部宣传科工作（简称直工部）。虽然我想参加俄文学习但决不愿因个人的兴趣和打算不服从分配。本来协理员还想争取我在文工团，几次与政治部组织科争取都未允许。不过我现在到了工作岗位上很安心，一切很好。在这里与老干部一起工作，进步是无可限量的，他们的刻苦耐劳的精神及革命的经验是值得我们学习的，我决心将自己锻炼成无产阶级的思想及作风。

在这里每天我们早上可以学俄文及维文。因为目前维文需要，又实际，在工作上又方便，所接触的都是维吾尔族人，所以我是学维文，晚上两小时的学习。

目前学习时事，我在时事学习过程中得到不少的新认识。

近日长沙情况怎样？全国都在掀起反美帝援朝的运动，民心振奋，都痛恨美帝的无耻行为，愿献出力量，一泄几十年来的血海深仇。我们这里有很多志愿参军的。你们的心情如何？请告诉我。

西藏快要解放了。我人民解放军己〔已〕解放西康西部通藏孔道昌都县，藏民十分欢迎，这样西藏的解放已在目前了，虽然美英帝企图阻碍，但是他们都是无理的。

工作忙，下次再写，这封信也写了好几天才完成。

希望你们多来信，多写信可寄平信。

致

布礼！

美丽①

1950年11月25日　迪化②

---

① 美丽：关群原名关美丽。
② 原信很长，节选一部分收入本书。

关群的家书

背景解读

1949年8月26日，人民解放军攻克兰州，消灭马步芳主力。紧接着，人民解放军向新疆挺进。在严峻的军事形势面前，国民党新疆警备总司令陶峙岳在中国共产党和张治中将军的策动下，排除了种种阻力，于9月25日率国民党驻新部队近10万人通电起义。9月26日，新疆省政府主席包尔汉等也通电起义，与国民党政府脱离一切关系，接受中国共产党领导，新疆和平解放。

关群，1951年12月19日摄于伊犁

第一野战军奉中共中央军委命令，以第1兵团司令员兼政治委员王震率领第2军和第6军进驻新疆。从1949年10月10日开始，分别以空运、车运和徒步行军方式，由甘肃酒泉、玉门、安西地区向新疆进军。1949年11月6日，兵团领导机关到达迪化，至1950年3月底，所属部队先后到达哈密、迪化、伊宁、阿克苏、喀什、和田等地，胜利地完成了进军任务。

随后，驻疆部队把工作重点转向了大生产，开始了屯垦戍边的征程。为使新疆长治久安，王震将军还从家乡湖南招收大批女青年参军，与驻疆部队将士一起建设新疆、保卫新疆。从1950年到1952年的三年间，湖南共计有8000余名女青年应征入伍，进入新疆。[①]关群就是其中的一位。

新中国成立之初，新疆和内地之间的通信极为不畅，关群从乌鲁木齐寄给长沙家人的这封信，在路上走了大约一个月。这封信按照当时革命军人的写信习惯，在末尾写了"致布礼"，就是"致布尔什维克礼"的意思。从西安到甘肃再到新疆，关群用新闻记录的方式描述了一路的见闻：甘肃酒泉的灰尘和当地的石油一样有名，平均有一寸多厚，安西的风大得可以

最使人感到兴奋的是迪化有一种欣欣向荣之气

---

① 魏文彬：《序》，载欧长伏、戴庆媛主编《八千湘女进疆回忆录》，湖南人民出版社，2010年版，第1页。

吹着你走；哈密瓜把头都甜晕了，吐鲁番的葡萄名不虚传……语言非常形象生动，没有亲身感受是写不出这样的文字的。

到新疆后，关群被分配到新疆军区直属部队政治部宣传科工作。她和战友们被安排在一间五六平方米的宿舍里，高低床，四五个人住一间。房子很旧，据说是以前的牢房。

关群和丈夫杨大斌、长女杨红的合影，摄于1953年

1950年11月，杨大斌由军区工兵团3营奉调新疆军区政治部直属政治部组织科任科长，和关群在一栋楼里办公。

1952年8月1日建军节，关群和杨大斌结婚。新疆军区政治部组织部为他们举行了简单的婚礼，摆了瓜子、花生、糖果。大家还看了电影《小二黑结婚》。

冬天的时候很冷，早上出操的时候"手都冻麻了"。没有大米吃，每天只吃包菜和茄子。然而，在物质生活如此艰苦的条件下，关群却认为"我们当时一点都不觉得苦"。而且，他们和当地维吾尔族群众相处得很好。出于对维吾尔族老乡的喜爱，关群给大女儿起小名叫"关小维"，这个名字一直伴随着孩子长大。

1951年秋至1952年，杨大斌奉新疆军区之命，率领千余人到位于乌市南郊的红雁池兴修水利工程。当时成立了新疆军区红雁池水利工程委员会，杨大斌任政委。杨大斌回忆说，工程异常艰苦，冬季寒冷，春秋多风。大风天的时候，房子的墙被风刮起的沙石击打得千疮百孔；一个人根本不能在外走动，因为有可能被风刮跑。部队常年顶风冒雪战斗在工地上。但因为关群和他一起参加了红雁池水库的建设，虽苦犹甜。"那里还有我俩漫步时留下的脚印，有我俩充满革命热情的谈话，有对伟大祖国充满希望和美好的理想憧憬……"关群说。

1953年，杨大斌离开新疆，入朝作战。关群也随后调到了北京。关群在新疆工作三年，因成绩突出，多次受到表彰。此后，关群和杨大斌就再也没有回过新疆。但无论在哪种报纸杂志上，只要出现有关新疆的报道，都会引起他们的关注。关群说："我们怀念新疆，怀念红雁池，新疆是我们的第二故乡！"①

关群当时写了很多家书，但是保留下来的就只有这一封，现收藏于中国人民大学家书博物馆。这封家书虽然信纸已经发黄变脆，字迹褪色模糊，但生动记录了一个新入伍的女战士进军新疆艰难而有趣的历程，也见证了新疆和平解放之初到处呈现的欣欣向荣的新气象，成为那个时代不可多得的宝贵史料。

---

① 钱毓：《关群、杨大斌情定新疆》，载中国人民大学家书文化研究中心编著《红色家书背后的故事》，人民出版社，2011年版，第157—160页。

美军一见到我们战士就要跑

1951年1月13日　吴宝光致妻子刘珠玉

吴宝光与刘珠玉，摄于1950年10月入朝参战前

写信人吴宝光，1921年生于江苏省沭阳县。1940年加入中国共产党，参加新四军，曾任新四军第3师10旅29团政治指导员、组织干事等职。解放战争期间，任东北民主联军二纵第5师14团营教导员，参加四平保卫战、"三下江南"作战、昌图攻坚战等。辽沈战役时，任5师14团参谋长，参加义县战斗和锦州攻坚战。1949年8月与刘珠玉结婚。抗美援朝战争爆发后，任志愿军第39军116师346团团长，率部首批入朝，参加了第一至第五次战役中的一些关键性战斗。

珠玉：

　　出国来共去信二次，是否收到。那两封信都〈是〉在百忙中写的，的确简单，希谅。于一九五〇年十二月卅一日发起第三次战役，只一小时突破敌人临津江的防御阵地，我们和三四七团担任主攻，一夜时间将敌三十里的防御纵深全部突破，接着就将美军防御阵地亦冲垮，只五天时间打到汉城，渡过汉江，至一九五一年一月五日结束战争，部队现在休整可能会有一较长的时间，整理。

我〈把〉现在情况给你介绍一下，身体和出国前比起来还是不差多少，从未生过病，仍是健康着，工作，也是顺利的，这一切不必顾虑。

另外给你介绍几种情况：

1、美军情况，美军一见到我们战士就要跑，或投降，他们真说我们是一支神军队，美军够孬了。

2、朝鲜的惨状，我们到汉城见到一个大石洞里有几十个朝鲜青年妇女的赤裸尸体，不用想这都是强奸后杀死。据汉城群众反映，美军的强奸在大街上都拉妇女……。朝鲜所有大城市都被炸成平地，不见什么完整的房子，（除平壤、汉城）沿交通要道的村镇，不是被烧就是被炮弹炸弹炸毁，总而言之，交通要道不见完整房屋，朝鲜真够艰苦了，我从未见过这样的惨状而出现在朝鲜。

再说一说朝鲜战况，我们刚出国初期，北朝人民军被美伪军直赶到四〇线，美军太骄傲了，真认为牠〔他〕是世界无敌，我们在第一二战役只一个月时间，真打牠〔他〕够痛，第三个战役将牠〔他〕一股劲追到三七线，看模样及牠〔他〕的宣传，再也不想在朝鲜胜利了。

最后向你〈说〉现在情形，恐怕………在这时期一定很好保重身体，并将具体情形来信告知，你如来信由留守处杨英同志那转即妥，你的生产费用我已写信告〈知〉王部长、刘政委，你也不要太难为情，可写信告〈知〉他，他们可发给你的。

余不写，多通信。

致

敬礼

宝光

一月十三日

我于廿三日晚到海城，在一两天会〈后〉去沈学习，时间可能一月余，能否去齐不敢确定。我也想了，你也不能来时，我如实在不能去齐，叫李长林去一下，详情到沈给你写。

吴　23晚[①]

再告诉你不幸消息，毕参谋长牺牲了！

---

① 此信写于1951年。

吴宝光的家书

背景解读

1948年秋，吴宝光在锦州战役中负伤，来到后方齐齐哈尔市市立医院疗伤。当时19岁的刘珠玉刚参加工作，在医院护理前方下来的伤员，两人在此相识，建立了恋爱关系。不久，刘珠玉参军，来到了吴宝光的部队，从事卫生工作。1949年初，平津战役结束后，吴宝光与刘珠玉随部队南下，在南下途中经组织批准，8月，两人结婚。

1950年春，第39军116师346团驻扎在河南新郑，吴宝光任副团长，刘珠玉任卫生队助理军医。6月，朝鲜战争爆发，全国掀起了抗美援朝保家卫国的高潮。7月底，第346团随第39军北上进驻辽宁，做入朝准备，此时的吴宝光已升任团长。

10月16日，部队即将出发，因首批出国作战没有女同志参战，且刘珠玉还怀有近8个月的身孕，征得组织的同意，吴宝光安排妻子刘珠玉回原籍齐齐哈尔待产。10月19日，吴宝光等第一批志愿军悄然跨过鸭绿江，入朝作战。

吴宝光率部队参加了五次战役中一些重大的、关键性的战斗，其中包括1950年11月初志愿军首次与美军交手的云山战役。吴宝光作为主攻团的团长，派出尖刀小分队穿插进云山城里进行中心突破，最后与兄弟部队全歼城内美军。在电视剧《跨过鸭绿江》表现这次战役的场景中，就有吴宝光给尖刀连下达任务的场景。

1950年12月31日晚，志愿军和朝鲜人民军发起第三次战役。第39军116师仅用13个小时就渡过临津江，前进12—15公里。吴宝光所在的第346团作为主攻部队，仅用5分钟就突破了敌人的临津江防线，最先越过三八线并攻占汉城（今首尔）。

战事稍息，部队休整期间，吴宝光终于有时间给妻子写一封长信了。1951年1月13日，他在信中一开头就介绍了刚刚经历的第三次战役的情况，语意轻松，透露出胜利的喜悦。因为已经跟美军交手几次，他重点给妻子介绍了对美军的印象，那就是骄兵必败。同时用一整段文字描述了战争给朝鲜国家和人民造成的"惨状"。

志愿军第39军116师346团团长吴宝光，1951年摄于汉城前沿阵地

从信末落款来看，此信是分两次写成：1月13日、23日晚，没写年代，但信的内容透露，当时志愿军刚刚打完第三次战役，占领了汉城，1951年1月5日即结束了战事，可知此信的主体写于1951年1月13日。在这场战役中，吴宝光因任务完成出色，立大功一次。

经过五次战役，志愿军伤亡很大，为补充兵源，抽调一批军事干部回国训练新兵。1951年6月，吴宝光奉命返回祖国，承担新兵训练任务。他去齐齐哈尔接回了妻子和儿子，一家人终于团聚。不久，吴宝光被中南军区任命为暂编第10团团长，驻扎在河南省陈留县（今河南省陈留镇），负责新兵训练，刘珠玉在团卫生队任助理军医。1952年6月，送走了第二批新兵，吴宝光被选送到南京军事学院空军系学习，4年毕业后担任解放军总高级步校教员。1959年调入国防科委工作，从此一直奋战在国防科技战线，曾任国防科工委综合计划部部长。1985年1月离职休养。1997年10月因病于北京逝世，享年76岁。

刘珠玉的工作也很出色。1954年8月，她被选送到上海第一医学院公共卫生系学习；1956年从部队转业；1957年底毕业，分配到南京市卫生防疫站卫生科工作，任公卫医师。1959年随家调至北京，在西城区卫生防疫站任流行病学医师。1961年，在北京参加全国传染性肝炎防治试点工作，成绩突出，被评为北京市、区两级先进个人、三八红旗手。1977年10月后历任北京市西城区计划生育办公室副主任、西城区卫生防疫站党支部书记等职。1987年7月离休。

吴宝光、刘珠玉与儿子吴征的合影，摄于1951年秋

家书里的新中国

到祖国最需要的地方去

1951年1月17日　区德济致父母亲

写信人区德济，1929年生于广东省云浮县（今广东省云浮市）。1951年初在广东省法商学院国际贸易系读书期间参军，在武汉空军中南预科总队进行3个月的入伍训练后，被分配到北京空军后勤部财务部工作。1956年加入中国共产党。1981年由部队转业到中国银行北京分行计划处工作。1989年12月退休。

区德济刚入伍时留影，1951年1月摄于汉口

吉信留交

父母亲大人安启

亲爱的爸爸妈妈：

在你们接到我这封信的时候，你们已经做了新中国最光荣的爸爸妈妈〈的〉一分子，这不只是我的爸爸妈妈的光荣，而且也是中国人民的光荣！

告诉你们吧，你们的光荣儿子——德济此次投〔报〕考军事干部学校已经获得学校保送委员会、广州区保送委员会批准，定于一月十九日离校北上，参加伟大的国防建设工作。

我们知道，中国革命基本上已取得胜利，现在，我们要进行大规模和平建设，向着社会主义、共产主义社会迈进。但是，美帝国主义者是不准我们在和平下进行建设的。事实已经证明，自从去年六月廿五日美帝发动侵略朝鲜的战争后，就公开的派遣军队侵占了我国领土台湾。他们妄想把台湾变成侵略中国大陆的跳板。美帝国主义者不听我们再三警告，疯狂的侵略朝鲜，现在已把战火燃烧到我国东北边境，并计划完全侵略了朝鲜以后，进一步侵略中国。它这样的疯狂，我们为了保家卫国，不能不起来反抗，不能不要加强国防建设，因此，我们要培养大量现代化特种兵，这些兵种必须具有高度文化水平，然后才能掌握现代化武器，故在去年十二月一号中央人民政府、中国革命军事委员会遂发出号召，招收青年学生参加国防军事干部学校。一个多月来，青年学生志愿参军高潮已普及于全广州市学校、全国青年学生。本院报名参加军干①〈的〉同学共三百八十余人，占全校人数百分之四十七。结果，符合条件被批准的有三十一人。我们国际

---

① 军干：国防军事干部学校的简称。

贸易系一年级报名同学共二十余人，只有我一个人被批准到军干去。广州区报名人数共一万三千多名，被批准的只有一千五百二十一人，虽然同学们此次参军情绪那么热烈，发扬了爱国主义精神，但是条件不够是不可以去的。

参加军干条件很高，主要分两方面来说：

（一）要具有优良政治条件，动机正确，有决心，经小组、系会、学校、广州区保送委员会审查通过，认为确实合格者。

（二）体格方面：身体内外经过各部门医生检查，认为各部均健全者始具条件。

故此，被批准到军干去的同学，是从广州市已经报名的万余个青年学生挑选其中〈的〉最精英分子。我们除了有足够政治条件以外，还具有优良体魄，才得到批准，现在我们是新中国的宝贝，是人民的财产，因此，我是中国人民与世界和平人民中多么光荣的一个哩！

我们现在北上，参加空军训练约有两年时间，到彼处后只要我们努力工作、努力学习，全心全意为国防建设而服务，相信将来一定可以掌握现代化军事技术。我们有信心消灭世界上侵略者，有信心保卫世界和平，有信心胜利归来。亲爱的爸爸妈妈，让你们等待着我回来吧！

在报名前，我曾经考虑过两个问题：一是家庭问题，二是学业前途问题，后来经过很久思想斗争，结果获得胜利才去报名的。在此，顺便把思想斗争经过告诉你们吧。

（一）家庭方面——最初，我总舍不得离开温暖的家庭，离不开要我教育的弟弟妹妹，后来，阅读过军干解决问题的文件和接受师长们、同学们的鼓励，我就打通了思想。

因为我要爱我的家庭，要教育我的弟妹，但是，千千万万的家庭更要我去爱护她，千千万万个弟妹正在没有人教育，因此，怎会使我从自私出发，只知爱自己的家庭呢？

在帝国主义一日未消灭以前，我们是没有温暖家庭生活过的。如果国防不巩固，当敌人飞机来轰炸的时候，它会准许我们过温暖生活吗？在中日战争时候，各地沦陷区已见到家散人亡，到这时候还谈什么家庭温暖生活呢？因此，我此次参加国防建设是一件急〔刻〕不容缓的，我去了，不止〔但〕可以保卫自己的家庭，而且也可以保卫千千万万的家庭，这是一件多么光荣的事情哩！

我在法商①读书，同样离开家庭，到军干去也是一样，有何区别？如果一个人被家庭困住了，是做不出什么事情来的，何况我现在去，不是立即上战场，而是去学习。这不过是转换了学习环境而已，我相信，在军事教育下，生活上、学习上都比普通中学、大学更严肃更紧张的，进步一定很快的，我怎么不去争取呢？谈到将来，我掌握了军事技术，不止〔但〕不怕敌人，而且可以消灭敌人！

---

① 法商：广东省法商学院的简称，1952年全国院校调整时被合并到中山大学。

至于弟妹们的教育问题，现在还有父母亲的教育。我在法商读书亦不能时常回家去教育他们。如果明年经济好转，我希望二、三弟回到肇中①去读书，其他幼弟妹送他们到小学去学习，使他们在新民主主义教育下慢慢地进步！

（二）学业与前途问题——我想，我现在已经读到大学，再过三年半后便是国家财经建设人才，将来一样可以为人民服务，怎应要抛开法商而跑到军干去呢？我又以为，过去学来的功课与参加军干无关，这是一个很大损失。又不知道将来前途是否好，有诸多此类问题顾虑存在。

后来，我便认识到我们为了需要而学习，虽然财经建设人才不可缺少，但是，目前最需要的是参加国防建设工作，因此，我们应该到祖国最需要的地方去！

又，我过去学来的功课与参加军干并无矛盾，因为只有高度文化水平的人，然后才可以掌握现代化武器。

关于前途问题，可以这样说，只要在学习时候努力学习，如果掌握了一门技术，搞通了思想，前途是光荣的。在此，我特别强调，到军干后，将来前途更伟大，更使人钦佩！我把这两个问题搞通以后，毫无疑虑地签上了我的光荣名字。

在上个月，凡已报名参加军干的同学，已经大大受到全校员生工友开的致敬大会的欢送，他们向我们致敬，并且由

---

① 肇中：广东省肇庆中学的简称。

教师们向我们献花。教授们把自制的鲜花一朵朵的插在我们的胸前,增加了我们无限的兴奋。

在今年元旦,我们参加军干的同志,又操英雄正行式步入广州市人民体育场开庆祝大会。开会时,首先由叶主席①代表广州市各机关团体、全体市民向我们致敬,跟着又向我们献旗献花,情绪热烈,充满了一九五一年的新气象。

现在,被批准的同学受到学校员生工友的欢送更加热烈了。每班有每班欢送会,每系有每系欢送会,学校有学校欢送会。这些欢送会都是经过很长时间筹备的,所以特别有意义,给了我们参加军干的同学有无限的鼓励,真是使我们光荣快乐到难以用文字写出来了!

闻说,我们明天出发时,广州还有十万青年欢送我们上车,在这个光荣热烈的场面中,假如我的爸爸妈妈见到我的时候,你们会觉得多么快慰呢!

近两天来,同学们见我快要离开学校了,他们均依依不舍,除请我叙〔聚〕餐外,还送来了很多物品、文具,除了寄返家光荣锦旗一面外,余均我带去应用。这面旗是学校同学们送给我的,特别有意义,请将〈它〉挂在屋内墙壁上以为留念。

爸爸妈妈!在今日以前,还未将我此次行动告诉你们,

---

① 叶主席:叶剑英,时任中共华南分局第一书记、广东省人民政府主席兼广州市市长、广东军区司令员兼政治委员。

我现在要请求你们原谅。因为我在未去以前通知你们的时候，我恐怕你们太过爱我，舍不得我离开法商，舍不得我离开你们，到更远的地方，或对我此次光荣行动加以阻止，所以，我在临出发前夕，写这封信给你们，请你们放心我去吧！

我这样〈的〉想法不过是我个人的主观吧！我又相信你们不会像我这样测度的想法。如果我当时函告你们的时候，你们可能更会鼓励我。不过，光荣的行动已经成事实了。父母鼓励儿子参军，总是不怕迟的。希望你们今后多多鼓励我，更希望全中国的爸爸妈妈多多鼓励自己的儿子参加到军事干部学校去！

我们部队十九号出发上湖北汉口市或湖南衡阳市。

末了，最后盼望祖母、父母亲珍重身体，为儿子参加国防建设更快乐，好好地教育教育留在家里的儿子们，可能的话，送他们入校多读点书，将来让他们一样跟着大哥走！

日前，接到弟弟来信说：爸爸在一月廿四号来省一行①，故将此信托德民大嫂②留交你。此致

敬礼！

光荣的儿子　德济　叩上
一九五一年一月十七日

---

① 来省一行：来广州市一次。
② 德民大嫂：区德济的堂兄区德民的妻子。

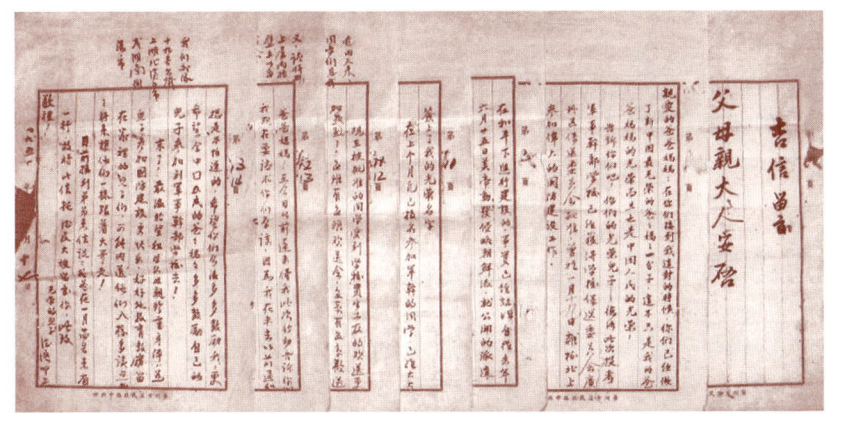

区德济的家书

背景解读

区德济就读的广东省法商学院位于广州市郊石榴岗，是一个山清水秀、绿树成荫、石榴红锦的小山岗。

1950年12月的广州，天气比较寒冷，把人的手脚冻得有些麻木，语文老师讲课后，国际贸易系主任谢健弘教授到班上宣布第二天召开全体师生员工大会，传达中央人民政府、中央军事委员会的号召，做"抗美援朝，保家卫国"参军的总动员。顿时，全班同学斗志昂扬、热血沸腾，每个同学都要报名当兵，保家卫国。课后，如何"投笔从戎"成了大家谈论的主要话题。

次日上午，动员参军大会开始了。会上鸦雀无声，大家都在认真地聆听传达中央的文件和学校的动员报告。会议结束后，同学们高呼"全国人民团结起来，打倒美帝国主义""抗美援朝，保家卫国"等口号，持续了很长时间。

不到两天时间，法商学院报名参军的同学就有数百人，占学生总人数的一半以上。但由于分配入伍名额有限，全学院只批准了20余人参军，其中就有区德济。未获批准的同学虽然不能一起入伍，但都表示争取来日再参军。

据当时的报纸报道，广州地区报名参军的有13000多人，由于分配名额有限，全市只批准了1500多人参军。留校读书的同学表示安心学习，一旦祖国需要，随时响应。

1951年元旦，广州市委、市政府在越秀人民体育场召开10万人欢送大会，省政府主席叶剑英致辞，各部门负责同志给投军从戎的子弟兵献旗献花。至此，全市欢送大会进入了高潮。大会结束时，全场起立，放声高唱"雄赳赳，气昂昂，跨过鸭绿江；保和平，卫祖国，就是保家乡"这支当时最流行的军歌，显示了全市军民一起抗美援朝保家卫国的决心。

1月19日，广州市用五彩斑斓的花车，从四面八方把参军的同志送往火车站。快到车站时，可以看到沿街站满了有10万青年参加的又一次临别欢送，锣鼓响、军乐奏、鞭炮鸣，汇成进军的号角、胜利的歌声。欢送人群在"再见吧妈妈，别难过，莫悲伤，祝福我们一路平安吧"的歌声中慢慢散去。

经过一天的行程，新兵们很快来到入伍训练的基地——位于湖北省汉口市郊王家墩机场的军委空军中南预科总队。区德济写了一封家信，不久就收到了父母的回信，信中两位老人表示支持他参军，弟妹们也都替他高兴，亲戚朋友、左邻右舍都赞成他参军，并到家祝贺并慰问，老人倍感光荣。

为了祖国，
站到最光荣的岗位去了

1951年1月21日　彭养正致侄子彭正予

写信人彭养正，江苏昆山人，新中国成立前在上海澄衷中学担任教师，新中国成立后在昆山县（今昆山市）人大工作。收信人彭正予，是彭养正的侄子，自幼家境贫寒，少年辍学，到昆山的一家中药店铺当学徒，满师后留在该店当伙计，1949年参军，1951年参加抗美援朝。叔父热忱的教导，使他走上了革命的道路。

彭养正，摄于1958年

银侄①：

你在一月十五日寄发的信，很快地就已入了我的目，千万里的邮途只走了五天就到了。当我上次读你的信，见你说到因为有关军事机密，不能将地点告诉我时，我心中就在揣

---

① 银侄：家书捐赠者彭正予。

测,"不会到了朝鲜去了吧?"我每天每时的在这样啜咕①着。现在知道所料虽未全中,却也猜中一半。好样儿的,亲爱的胞侄,你今天为了祖国,为了全亚洲,〈为了〉全世界的和平与安全,站到最光荣的岗位去了!我一边读信,一边激动得泪水盈眶。我每当兴奋过度,常常会不自觉流下热泪。这是快乐的泪,是沸腾的热血流到眼眶,而把泪水挤涌出来的。之后,我见到凡是熟识的人,我就告诉他:"继祖在中国人民志愿军中"。我为什么不应这样兴奋呢?该啊,作为你的一个胞叔,有着你这个好样的侄子,已经分受〔收〕到一份光荣,我为什么不要兴奋呢?

我现在这样写着,行文措句,都感到我的一字一句都不能表达我心中兴奋情绪的万一。我已经激动得心神发颤,嘴唇发麻,并且感到我的写作能力的不够,不能把心中所想说的完整的拷贝到纸面上。这种感觉,从我学会写文以来,还是第一次经历。

同时,我现在这样写着,也在痛楚地忆念到你的父亲,我的胞兄。假使他今天还健在的话,他又将是怎样一种心境?他性子虽是急躁,但也是一个富〈有〉正义感、富〈有〉爱国心的人。他若在世,知道你现在站到国防前线,捍卫边疆,又该怎样快慰!"儿女是应该献给祖国的"。他当

---

① 啜咕:念叨。

然明白这道理，从而他会把〔用〕这道理去宽慰你母亲，让她明了你现在所负的使命。正因为以往的日子里，普天之下的千万父母都在残酷的战争中失去了儿女。今天你在参加的正义行动中，就为的使这次的正义战争获取最后胜利，而抑制侵略者更大的战争狂，从而拯救了天下的父母不再会失去他们心爱的儿女。

写到你父亲，我是悲痛的。但我要你不要单纯的徒然悲痛，我要请你先想一想，你父亲是怎样死的？你当然知道他是死于病。不，事情不能这样简单。我们还得追本穷源的分析来由和联系到实际社会制度上去。固然，你父亲是死于病，但，最大的因素，却是另一个可诅咒的字——"贫"。假使不是为了这个贫，有病也可及时医治；假使不是为了家庭负担的重压在心境上，也不会加重病情的恶化，而才只一百天就送了命。你父亲发病回家，原来若能好好调养，是有希望转机的。正因为这个贫字在作祟，一使你舅父失业而被迫迁居邵家房屋，二使你父亲因生活威胁而心境难展，郁悒增病。这样，就促使他病象恶化而终至弃世。你二叔的死，也是同一的命运。那么，他们老弟兄俩为什么都是贫病交迫，即使辛勤一生也挽救不了他们的死？这就是我们要追究到的因素。这因素不是别的，就是三大敌人——帝国主义、封建主义、官僚资本主义造的孽！数千年的封建遗毒，使我国所有勤劳的人民，世世代代坠入穷迫困窘之中；一百多年的帝国主义势力侵入，更促使我国农村破产，国民经济极度衰落，尤其是日寇的发动侵华战争，使你父亲和二叔服务的药店和电厂停了业，这就使他们经济上大受打击，减少了收入。接着，官僚买办阶级疯狂性的掠夺，通货膨胀使物价一日三跳，无形中在一分一秒的吮吸了他们以至全国千百万人民的膏血。这就使他们在生活战线上挣扎，戋戋收入，仅堪维持一家人最低限度的续命生活，绝对没有余钱来照顾到病的调治，一天天让病魔困扰到死！假使没有这三大敌人，他们是可以好好活到现在的。所以，他们不是死于病，而是死于帝国主义、封建主义、官僚资本主义的三只魔爪的！

因此，我要你不光是悲伤，而要你记住这种仇恨，化悲愤为力量，为你父亲、为你二叔，并为了世界上千千万万像他们同样遭遇的人民，用高度的仇恨，替他们报仇雪恨；更为了以后世世代代不再遭受这种命运而奋斗！

银儿，为了你母亲，你也应该加倍警惕。现在，她还处在困难的境地中。要使她晚年好好生活，就应该努力去挖掉那害她身处困境的祸根，使我们这次正义战争早一天获得胜利，早一天让我国人民在和平建设中慢慢由生活好转而改善、而富裕。这样，当然你母亲也能享受得到的，并且战争早一天结束，你也可以早一天回来安慰她了，是吧？

所以，今天的你，还不是怀乡思亲的日子，而是怎样完成你所负的一份使命的时候。你是一个团员，你当然知道怎样做一个好团员。作为一个好团员，也和一个好党员一样，在需要的时机，生命都可以贡献出来，交给有利于人类的事业。那末〔么〕，还有什么别的不能割舍？你信上虽然强调你不曾脆弱到要哭的地步，但你却明明自认不免感情冲动。即使这冲动，也是不应有的，一定要坚强，在坚强中才能生出勇敢来。将来有一天，当你在跟敌人生死搏斗的时候，就需要这种坚强中生出来的勇敢去战胜敌人。假使你常常感情冲动，万一在那时也念及母老弟幼，那末〔么〕就会削弱你的战斗情绪，在敌人面前畏怯不进的。但愿我现在这样说不曾料中，你秉有你父亲的一股火爆性，谅不致这样脓包的。

现在，你是远在千万里外，云天一方，而且又是在中国人民志愿军中，那末〔么〕，这消息若给你母亲知道，势必会更加重她的怀念和忧虑。我想，为了免于她日夜担心，还是瞒住她的为妙。一个人处世的态度固然要诚实，但有时为了有利于实际和免却不必要的担忧，说一下谎是可原恕的。因此，我主张对她封锁消息，不把你现在所处的环境和地点告诉她。你只是经常写信安慰她，说你很平安的在不远的某处，好得〔在〕你的信由军邮发出，不盖地名戳子，她无由拆穿西洋镜。同时，你在信中尽量多多描述你在部队中的好生活，说明首长如何照护，同志如何相爱互助，犹如在家中父母兄弟相处一样，让她多放心。镇侄①那儿，你也去信咨照②他，叫他不要把真实消息告诉母亲。等到你将来凯旋归来，再告诉她，你是到过某地，经历了多少路程，体验了何种生活，像〈讲〉《山海经》一样讲给她听，那时她就只有惊奇快活了。现在让她知道，非但毫无裨益，反而多招她的伤感。

你要我多给你母亲写信，开通她的思想，当然义不容辞。但要说明道理，信上几行字，实在不容易表达明畅，又不能抽象地说空话，只有详尽说明所有历史性的根源才能使她了解。而对于一个不识字的人，语汇方面就不能使用术语，比如什么叫帝国主义，什么叫封建主义等，说了她也不懂。因此，只有面谈还可以用通俗语句来譬解。我若有空，很想抽身去甪③一次，跟她谈谈，只是不知能否成行。

镇侄那儿，自你走后，一直没有收到他一鸿半爪，也许是他太忙，也许他不知我的门牌号数，所以不来信。我也因不知他的地址，没有去过一信。现在知道了，有空当去一信了。炽元④这孩子，从来就是不知写信的人，我也懒

---

① 镇侄：彭正予的胞弟彭镇福。
② 咨照：关照。
③ 甪：甪直，镇名，在江苏苏州市，彭正予的家乡。
④ 炽元：彭正予二叔的儿子。

得去反就①他。二婶也久无音讯，去春曾为炽英②婚事去信问问，连回音都得不到一点，他们只有在有求于人时才想到我的。

末了，来说说我自己，自从参加工作以来，也许精神上愉快了，把病都忘记〈了〉。在抗美援朝运动中，我们昆山也搞得热火朝天，在几次壮伟的示威游行中，都兴奋得使你连觉都睡不着。在这运动中，我们每天出油印快报一纸，我和宋学濂先生二人包办了编、刻、印、发的工作。除了采访，我耳聋办不到外，其他我一样也不少做。目前因限于条件不够，不每天出，而改为不定期刊。但全城廿多块黑板报，还是每天由我们供给资料，编好后分发出去（材料有人专司收音机录出），每当朝鲜捷报传来，立刻就出号外，消息一会儿就传遍全城了。现在，你如走到大街上，到处可以见到东一块、西一块的黑板横在街口，用着彩色的粉笔，吸引了路人的驻〔注〕目。

我现在睡在政府中，晚上可能〔以〕抽空读些书，不像在家，天一黑就无法把卷。我已读完了一整本列昂节夫著的《政治经济学》，现正在读斯大林著的《列宁主义问题》。好公③送给我两厚册《列宁文选》，目前我还无法吃下去，只得

---

① 反就：迁就，意指彭养正不愿意主动给炽元写信。
② 炽英：彭正予二叔的女儿。
③ 好公：彭养正的岳父。

慢慢来。同时，也因工作时间及体力上的关系，不能像在家养病时那样一气呵成的读，只能抽空读一些，是一些，因此思想不能一贯，常常读了后段，忘掉前段。又因限于耳病，不能参加集体讨论，只能独自一人摸索，进步有限。

你婶母也参加工作了。她已离开小儿院，而在中国人民保卫世界和平反对美国侵略委员会昆山支会工作。政府为了〔因为〕我已〈是〉供给制，要她拿薪给〔金〕制，照顾好婆①的生活，因此，她每月拿廿九个单位②，吃饭住宿她仍在家。

好公仍常在无锡。他老当益壮，工作很有劲，除了原任苏南生救会③主任外，又受任苏南土改委员会委员。今天星期回家来，想休息一天，碰到本县也开生救与拥优联席会议，又参加了整天。

春阳堂内，我近来不常常去。偶然去一次，他们都要问起你，可见他们也常在关心你的。你业师金先生尤为关怀，他说他要给你写信哩。

我这封信，从下午五时写起，直到现在快打九点了，虽然写写停停，也弄得肩酸颈麻。天气又冷，常常呵手，外面北风凛冽，室内毛巾也冰成硬块。你可知我是在怎样艰难的

---

① 好婆：彭养正的岳母。
② 一个单位折合旧币5000元，"廿九个单位"即旧币14.5万元，相当于新币14.5元。
③ 生救会：生产自救会的简称。

情况下写的,并且我写成这信,纸也换过好多张,白写的也得几百字。

最后,因为你的部队番号常常更换,我只能接你一信,回你一信,而你每次来信都得把番号写明(不换也要写明)。

再见,祝你

勇敢、康健、一切保重。

你婶母要我附笔问你好

孙祖培①兄附信一纸。

你的叔父
一月廿一日灯下②

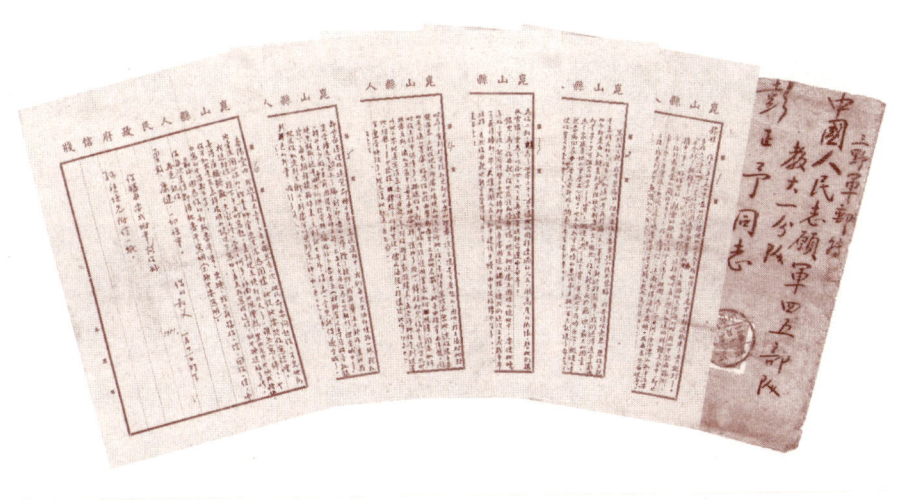

彭养正的家书

---

① 孙祖培:彭正予最要好的小学同学。
② 此信写于1951年。

背景解读

　　这是一封叔父写给即将走上战场的侄子的家书,全文3000多字,谆谆万语道不尽恩师的鼓励与教诲,洋洋千言说不完长辈的希望和叮咛。

　　1949年5月,昆山解放了,千万青年在革命形势的激励下参军、参战。彭正予也决心离开药店,报名参军。但思想上最大的顾虑是妈妈不会同意,因家中还有弟弟和妹妹。他离开药店之后,就没钱寄回家了。妈妈和小弟、小妹3人的生活难以维持,怎么办呢?他把决心和顾虑向叔父诉说,叔父给了他精神上的支持,让他暂时不告诉妈妈,先离开再说。至于家里经济上的困难,由叔父每月代侄子寄钱给妈妈帮助解决。就这样,彭正予才得以离开药店,报名考取了第三野战军第9兵团知识青年训练班。1950年底,部队向地方有关政府颁发军属证,彭正予的妈妈才明白了事情的真相,家中的生活也因得到了政府的优抚而逐渐好转。

彭正予,1952年初摄于山东兖州

　　1950年,轰轰烈烈的抗美援朝战争开始了,彭正予所在的部队奉命开赴东北,他调至团司令部任测绘员。1951年1月15日,彭正予随部队驻在通化市待命入朝时寄给叔父一封信。不久,叔父就给他写了这封长长的回信。

　　信中,彭养正为侄子参加中国人民志愿军而深感光荣,他特别希望侄子能够坚决、勇敢地迎接新的挑战,做一个优秀的共青团员,必要时可以牺牲自己的生命。他满怀悲愤地分析了自己的大哥、二哥为何而死,表面上看是贫困和疾病所致,实际上是"三大敌人——帝国主义、封建主义、官僚资本主义造的孽",教育侄子要化悲痛为力量,"一定要坚强,在坚强中才能生出勇敢来",才能战胜强大的敌人。只有战胜了敌人,保卫了和平,才能告慰自己的亲人。

抗美援朝战争期间，彭正予随第20军参加了第二、第五次战役。1953年初回国后，被调到第20军独立工兵营任指挥排长。转业前任第20军高炮团司令部副参谋长，1978年转业到浙江省嘉兴市第二毛纺织厂任基建科科长，1989年退休。

你望我当英雄，我望你争取入党

1951年4月、9月　鹿鸣坤与朱锦翔互通书信

鹿鸣坤，1925年出生于山东莱阳话河区滴子村。1940年参军，1943年8月加入中国共产党。1949年12月到航校学习。毕业后，被分配到中国人民解放军空军第2师6团。1951年10月，他奉命入朝参加抗美援朝战争，任空2师6团三大队副大队长。同年12月，在一次对敌空战中不幸牺牲。朱锦翔，是鹿鸣坤空2师的战友、恋人。

| 鹿鸣坤

鸣坤同志：

　　昨天晚上回去，你定感到不高兴，因为我没有合〔给〕你理想的答复。可是我也同样带来一颗不愉快的心境。回到宿舍里开始思想斗争了。

　　鸣坤同志，这短时间斗争的决定，也可能使你失望。昨天晚上，我也很清楚的对你说过，目前，抗美援朝运动在这样高涨的声浪下，美机又时常来我东北领空扫射，将威胁着

整个中国的安全,确实我再不忍坐视了。

虽然留在这儿同样是为这个目标而奋斗,但是我总认为亲自参战(当然供应大队不一定在前方)是更有价值,尤其参加国际战争,机会少有。同时,我想早有这样一个念头去见识见识,也只有生活在不平凡的环境里,才能磨练〔炼〕出来,实在〈是〉我太幼稚了,由于入伍时间不长,自己对政治认识还差得很。我也告诉了你,在供应大队犯了两次不算小的错误,所以也只有以今后实际工作的体验才能使小资产阶级出身的旧意识铲除干净。

我也知道,此去困难不少,钉子更多。首先因为我是女同志而且也只有我这么一个女同志,又是初出茅庐,从未离开家乡到老远的北国。但是,我想任何困难都〈是〉可以克服的,我可以将我们的事情公开大胆的对他们说,让他们不再存在着不正确的想法。而且大部分同志都还好,平时我也可以请他们多照顾,况且还有其他女同志(虽然他〔她〕们都已结过婚)也总比较好。

鸣坤同志,为了将来的幸福,为了以政治为基础的感情建筑得更巩固,在目前,我们只有各奔前程,待胜利重归,那种情景何等愉快。所以,我考虑结果,还是跟供应大队走吧!

请你安心工作,熟练技术,完成飞行任务,勿要使自己的思想有所分化,不然会影响事叶〔业〕。昨天晚上你讲的话，我听了感到很难受。虽我们不够了解，但在几次的谈话与通信〈中〉已有了一种革命同志的感情。当然，别离难免伤感，但是，我们要想到，为了战争多少同胞家破人亡，妻离子散，所以，也只有彻底消灭他们，将来才能使每个人都有好日子过。

上次你不是说现在交通方便……我们可以多通信，至于人家拆信或押〔压〕信，我们想个办法好吗？看你最近什么时候有空，我们再谈一次话，倾吐与解决不愉快的想头〔法〕，你意如何？如同意，则你决定时间通知我。

时间不早了，最后，祝你愉快、安心。

再见！

致礼

锦翔 草

19/4夜①

---

① 据家书捐赠者朱锦翔介绍，此信写于1951年。

朱锦翔写给鹿鸣坤的信

锦翔：

我刚由东北回来，收到了你的来信。

当时我是累的头痛、腰酸，阅过信之后，我特别兴奋。兴奋的就是，你能针对着我的思想来帮助我。我有这样一个人经常帮助我，工作更会起劲。□□改正缺点更快，你的帮助是真正的从革命利益出发。的确，吊〈儿〉郎〈当〉工作是要受损失的，对个人、对革命都没有好处。你这样直爽的提出，我是很高兴的，同时还希望你对别人也要这样。

我从提出抗美援朝来之后，我的工作与飞行都进一步。老实说，我吊〈儿〉郎当是改了不少，吊儿郎当也得看环竟

〔境〕，现在是什么时后〔候〕。这次改选支部，我又是任付〔副〕支部书记，不敢〈吊儿〉郎当。上级这次给我们的任务是空中转移，任务是艰巨的，上级这样提出，我们这次能从空中转移得好，我们可以成为半个飞行家。为了要得到这半个飞行家的光荣称号而努力，为了有把握的争取这光荣称号，我们由十九号乘运输机顺航线看过一次。如果我没有其它病或意外之事，半个飞行家咱们保险当上（这称号你不高兴吗？）。

锦翔，我坐在这老牛一样的飞机上，拿着地图，与地面目标对照，一去一回，我的一双眼睛，没有一时的不注视地面，是为完成这次上级给我们的重大任务。这次我们都去锻炼，你是在战争环境锻炼，我是在空战当中锻炼，你望我当英雄，我望你争取入党称模范。

你给建议的不应该叫保卫干事捎信，你很生我气啊。请你不要多心，我并非是找保卫干事去作〔做〕你的工作。我不以前就说过了吗？你是一个纯洁的青年，在思想表现工作〈上〉都好。我为什么叫他给你捎信，因为他是团长〔警〕卫员。过去，他和我是很好。那天他〈到〉我们这玩，我也在外边玩。我给徐政委写封信，〈他〉说给你捎封吧，我说算啦。他说写吧，我说写就写吧，就是这么样。锦翔，请你不要怀疑，你不要把保卫部门的人，看得过如〔于〕重视〔要〕，谁也不敢去接近他啦。过去是曾有这样说法，天不怕，地不怕，就怕保卫干事来谈话，并没有什么，请你不要〈见〉怪，不做亏心事，还怕鬼叫门？生的不吃，犯法的不做，谁也不怕。

另外，我不日又去东北，这次捎回来东北特产，带回来大家都吃完了。我再去预备捎点给你吃一吃。我们以后到东北可是不能见面啦。我们相距太远啦。要是战场上死不了，能回见，死了就算。

锦翔，今后我们多通信吧，互相了解些工作情况，再见，再见。在塞外，我这次去，现在那里还不冷，和这一样，满山的大豆、高粱、包〔苞〕米，都是绿的，有特别一种感觉，有个关外味道。

致

敬礼

看过之后有什么意见，请提出为盼。

鸣　坤

9.21①

---

① 此信鹿鸣坤写于1951年入朝作战前夕。

鹿鸣坤写给朱锦翔的信

背景解读

朝鲜战争爆发，鹿鸣坤与朱锦翔所在的部队接到参战任务。在誓师大会上，官兵们个个义愤填膺，写血书，表决心……朱锦翔也在千人大会上发言，要求到前线参战，被批准后，她成为通信队的唯一会计。

1951年下半年，师部从上海乘军列（大部分车厢是货车，只有两三节硬座车厢，是为优待女同志和首长专用的）前往东北，准备开赴前线。五六天后，到达目的地。在大部队出发前，部分飞行人员首先试航。这次试航，获得成功。

此时，朱锦翔与鹿鸣坤已是经组织批准的公开的对象关系。朱锦翔说，那个年代，最亲密的感情表达方式就是握手。他们在上海的最后一次见面，是在程家桥高尔夫球场。那天，鹿鸣坤送给朱锦翔一件特别的礼物：色如绿宝石的小号关勒铬金笔。他们俩坐在球场边的一块高地上，谈左图：鹿鸣坤送给朱锦翔的纪念照片，照片背后有亲笔写的一段文字，"锦翔同志留念：望你加强学习，提高阶级觉悟，在工作中锻炼自己，忘我精神，继续努力。鹿鸣坤"

右图：朱锦翔，1951年摄于上海机场

话中总离不开赴朝参战的内容。

当时，虽然领导和同志们都对他们说，抗美援朝结束后回国他们就可以结婚了，但他们俩从未提过"结婚"二字。那个年代的飞行员，既不允许单独行动（和批准的女友谈对象例外），又不允许在外面吃饭。他们俩没有在一起吃过饭，每次见面也从未超过3个小时。

这次分手，他们照样握手告别，都没有说过"我爱你"之类的话。可谁也没有想到，这次分别竟然是永别。临别时，鹿鸣坤只是说："到了前线，我给你写信。"

抗美援朝战争期间，空2师飞行部队驻扎在鸭绿江边的大孤山，随时准备接受空战任务。鹿鸣坤所在的6团，驾驶的是苏式战斗机。

在朝鲜前线，飞行人员的伤亡很大。为此，上级决定空2师调防，返回上海继续训练并保卫上海领空。1951年12月，朱锦翔随师部机关奉命先行撤回。没想到，回到上海没几天，就传来噩耗：在一次空战中，三大队队长鹿鸣坤不幸牺牲了！

战争必然有牺牲，这对部队老同志来说是正常的，可对朱锦翔来说，无论如何也难以接受，毕竟那年她才18岁，鹿鸣坤也只有26岁。当隐约知道此事时，朱锦翔既不相信这是真的，又克制不住哭泣，还不好意思在人前流泪，只好一个人哭，不吃不喝在床上躺了三天。

多年之后，朱锦翔谈起她的初恋男友鹿鸣坤，仍然一往情深。朱锦翔说，虽然他们之间从没有说过一个"爱"字，但牵挂与思念一直珍藏在心中。

家书里的新中国

青年人要找到光明前途

1951年3月21日　李征明致父母

写信人李征明，1930年生于江苏省宿迁县（今江苏省宿迁市）侍岭乡李小圩。1950年入伍，1952年参加抗美援朝，在志愿军第9兵团24军70师201团教导队任文化教员，荣立二等功。1953年6月牺牲于朝鲜，时年23岁。

| 李征明

父母亲：

久未来信了，谅家庭一切均好，前天发下津贴之后，儿随时买了数本书籍以便阅读，又寄数本回家，谅已收到。最近家中又接到旻兄①和智弟②之信否？我已时间很常〔长〕未收到过他们的信了，谅定也没有什么可以告诉的。昀弟③

---

① 旻兄：李征明的哥哥李旻，排行老大。
② 智弟：李征明的四弟李智，当时也已参军，后赴朝作战。
③ 昀弟：李征明的三弟李昀，当时在睢宁县城工作，后也报名入伍准备赴朝作战。

又写信回家否？上次我曾给他一本日记，未见回信，想念祥弟①，现在他思想上是否进步？个人态度怎样？只好尽到我们能力帮助，一切在于他的主观努力，也不必过于将时间都发〔花〕在他身上，但我希望他进步，表示一种进步态度，青年人要找到光明前途，惟〈唯〉一〈的办法是〉参加革命工作和各种建设上去，和参加组织更是重要的政治生命。二姐现在有那些进步，我希〈望〉他〔她〕要好好学习文化和政治，大姐②最近写信回家否？我曾去信过，未见回信，现在我〔在还〕在此一切均好，学习也很紧张，没空写信回家，请原谅。

| 李征明的家书

---

① 祥弟：李征明的远房李氏兄弟。
② 大姐：李征明的姐姐李昳，排行老二。

书名数目：（寄回之书是分成四扎寄的）

1、农村办学经验。

2、一个办农民文化班的报告。

3、小学教师实际参考资料。

以上三本是送给父亲教学参考用的。

4、儿童写话课本一二年级上下期共四本。

5、捉放美国兵。这五本是给三个小妹分读的。

我自己也买了数本，如团章讲话、团结在和平旗帜下和青年团向团员要求些什么、毛泽东思想与作风等书籍（共计叁万余）以求进步，如收到，请来信。

再告　敬祝

春安

明儿　上

1951.3.21

背景解读

李征明写给父母的家书重点内容是教导弟弟妹妹们加强读书学习，要在思想上追求进步，找到光明前途，那就要早日加入团、党组织。他还在信中列出为家人买的书单，其中有给父亲教学参考用的，有给三个妹妹分别读的，鼓励家人共同读书，一起进步。

不幸的是，李征明牺牲在了抗美援朝战争胜利的前夜。据其家人回忆，1954年1月23日，李征明生前部队的战友来信说："征明同志生前在本连任文教工作，上级给予我们担任某前沿阵地防守任务。但是战争打得很残酷，距敌人只有600米左右，住在坑道里同敌人展开冷战……征明同志英勇顽强，机动灵活地完成了防护和冷枪战的任务，我们共同歼灭了无数敌人。征明同志工作积极、认真负责，团结同志……不断受到领导表彰和战友拥戴……后来，我们连队接受了反击任务。当时，我们的战友征明高兴地说：'同志们！好机会到了，我们来个杀敌比赛，看谁打得猛，杀的鬼子多，在这次战斗中立功当英雄！'他的话鼓舞了同志们的士气，人人意气奋发，斗志昂扬，坚定了必胜的信念。上级看他决心大，斗志强，就交给了他抢救的任务。1953年6月23日晚，我军对五圣山前沿敌阵地发起了猛烈反击。这次消灭了敌人6个加强连和2个守备连……在战斗中，征明同志英勇顽强，第一次负伤后还坚持战斗，不下火线。他说：'今天流血流汗是光荣的，是为了朝鲜人民的独立，为了祖国的安全建设，使人民和我们的家人过上好日子……'在硝烟弥漫尘土飞扬的枪林弹雨中，他奋勇抢救伤员，把自己的生命置之度外。第二次负伤，（他）终因伤势过重，救治无效离开了我们。"

李征明兄妹8人，父亲为师范毕业的乡村小学教师，给儿女所取姓名中均带有"日"字偏旁，唯独他弃用旧名，自取"征明"，以示追求进步。李征明生前写给父母和兄弟姊妹的一组家书有幸被保存下来，字里行间体现了他对新中国的热爱和拥护，以及对家人的挚爱和眷念，家国情怀扑面而来。家书不仅用文字，还配有许多图画，显示出李征明的才华和意趣。他的一组家书长期在中国人民大学家书博物馆专柜展出，激起观众极大的兴趣，供一批又一批游客瞻仰。

做一个青年团员
是每一个青年进步的方向

1952年10月27日　卢冬致姐姐卢诗雅

卢冬，1952年摄于朝鲜临津江前线

写信人卢冬，原名卢观颐。1932年出生于天津塘沽，1935年随家庭迁至广东汕头。1948年在香港培正中学初中毕业，同年9月到广州市第一中学读高中。1949年4月解放大军南下，卢冬返回香港，毅然离家出走，投奔共产党领导的东江游击队；8月，成为东（莞）宝（安）地区粤赣湘边纵队东江1支队3团3连（海鹰队）战士。新中国成立后编入珠江军分区独立16团2营，历任排长、连队文化教员、营部文化干事等职。1951年10月，卢冬主动请战，参加志愿军赴朝参战，在志愿军第19兵团65军195师政治部文工队工作。

诗雅姊：

你九月的先后两封来信都已收到了，因这一时期工作较忙未能立即回信，大概你已完成了到首都去的旅程了吧，怎么样？在天安门前看到了毛主席吗？看到了祖国的伟大场面了吧？你能参加上是多么的荣幸呀。这一切都是我们日夜想念的，希望你能告诉我任何一些祖国的事情。我们在朝鲜更能感到年青〔轻〕的祖国的伟大，和生长在毛泽东时代的光荣，这里是用新的胜利来作国庆的献礼的。

你的理想是宝贵的，是可以实现的，作〔做〕一个青年团员是每一个青年的意志，是进步的方向。在你面前我觉得惭愧，我是一个青年团员，但在以前一贯对你没有任何的帮助，就是政治上的帮助，是做的很差的。青年团员的任务就是学习，为祖国实现新民主主义而斗争，所以不单是为个人生活而去工作，而是为达到理想而斗争，一切都是祖国的人民的号召。我想，我们首先是要努力的学习，改造旧的自己，旧的思想，尤其要认识我们的出身本质，小资产阶级的本质，只有学习、改造。在各种斗争里出现很多优秀的青年团员，他们为了理想而牺牲个人一切，就是我们学习的模〔榜〕样，保尔·柯察金是使人敬佩的一个，我希望我们今后更密切的联系，交换学习的心得，互相帮助。

我现在的工作是负担文艺中的创作工作，你会知道这对我是极不熟悉与不合个人兴趣的，以前就是不惯埋头写作的，但这是党给的任务，为兵服务的任务，我慢慢在里头找到了兴趣。现在我是尽力学习，只有提高我的能力才能更好的完成这岗位上的工作，我初步的发觉身在朝鲜战场上，在火热的斗争里，是我学习与深入生活的最好机会。在这里面来改造自己，创作工作不单是艺术而且是政治思想性的东西，希望你在文学上对我也〈给〉予帮助。

母亲的近况如何？生活好吗？焕姊①为什么好几个月没有来信了，她的情况怎样，还在原处工作吗？娟娟②还有念书没有，望你叫他们写信〈给〉我吧。下次谈。

祝你健康

弟 冬 草

十月廿七日③

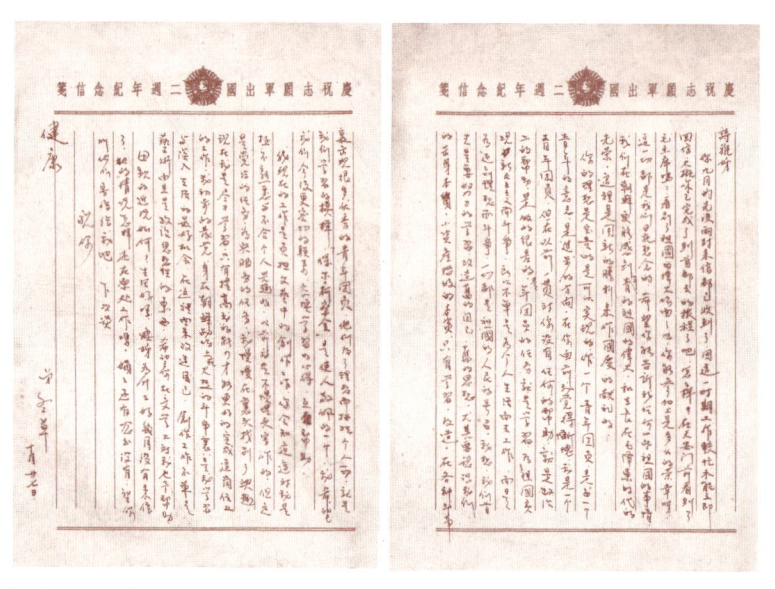

卢冬的家书

---

① 焕姊：卢冬的二姐卢焕焕。
② 娟娟：卢冬的妹妹卢娟娟。
③ 此信写于1952年。

背景解读

这是卢冬从朝鲜前线写给大姐卢诗雅的一封家书。在家书中，卢冬和姐姐重点讨论了加入中国新民主主义青年团的问题（简称青年团）。他认为，作为一个青年，要积极追求进步，加入青年团，成为青年中的先进分子，努力学习各种文化知识，练就本领，为新中国建设服务。他还向大姐介绍了自己在朝鲜战场上的锻炼、学习和收获。

卢冬后来在回忆中说："因为在我们那一代青年当中，对入团、入党看得很重，特别是像我们家庭出身于非无产阶级，有很多需要注意改造的地方。1949年底，刚解放，我与大姐就开始通信，她曾希望我离开军队回家重新读书。她说，你高中还未毕业，你不是很喜欢搞无线电的吗？如果你读上大学，有了专门学识有更大的本领，那时不是对国家更有贡献吗？对这些问题，我做过不少的解释，主要是反复进行新旧社会的对比，讲形势的要求，我们的革命任务等等，我甚至要她再也不要动员我离开解放军了，否则我就不告诉她我在何处了（军队当时任务很重，随时调动）。从此，大姐就比较听从我的意见，所以她有入团的想法就告诉我，我当然很高兴地与她交流。大姐是她们医院最早一批的团员，到1953年底我从朝鲜转业回广州后，大姐已是团的干部了。"

卢冬从参加革命后便要求进步，1949年8月还在战斗环境下就加入了青年团。1951年10月，独立16团赴朝鲜参战、卢冬坚决请战，被编入志愿军第19兵团65军，随部队驻守在开城前线临津江畔，后被调入第195

卢冬与卢诗雅，1949年12月摄于广州柔济医院

做一个青年团员是每一个青年进步的方向

师政治部文工队，在前沿阵地演出。他担任创作组长，创作的相声《访问志愿军》被选送到志愿军总部会演，荣获优秀创作奖。这个节目在开城欢迎中国人民赴朝慰问团的晚会演出后，受到慰问团分团长巴金同志的热情赞扬。

1952年秋季，志愿军对敌进行全线战术反击。战前上级交给卢冬一个任务：到师的第一梯队采访，在战斗结束的庆功会上就要演出反映此次战斗和表彰英雄事迹的文艺节目。卢冬经过深入采访创作的山东快书《夜战86.9》荣获全军优秀创作二等奖，在开城被军首长接见并合影，卢冬也因此被任命为第195师政治部文工队的创作组长。

卢冬与卢诗雅，摄于2018年2月春节期间

1953年，卢冬因患肺病回国，当年12月转业到广州市工商业联合会，任人事科干事。1954年任教育科科长，担负起对私营工商业者进行社会主义教育的任务。1956年，卢冬响应国家发出"向科学进军"的号召，参加当年高考，以第一志愿考入北京大学中文系中国语言文学专业，学制为5年。1961年，卢冬从北京大学毕业，被分配到广西任教，其在广西工作了24年。1985年，卢冬调到广东教育学院中文系任副教授，兼任广东、海南两省教育学院系统中国古代文学教学研究会会长。

卢冬不改初心，牢记当年参加革命时"将革命进行到底"的誓言，坚持申请入党，终于在1985年8月实现了加入中国共产党的理想，1992年10月满60岁时离休。离休后，卢冬仍在广东教育学院关工委和老年协会中工作，经常被邀请为青年学生讲述自己的革命经历，勉励大家努力学习，追求进步，坚定跟党走，积极投身中华民族复兴伟业。